IRAK EN LA ENCRUCIJADA

Amb tot el meu afecte al Jeb
i l'Anna per les agradables i
inoblidables vetllades passades
en la seva companyia a
Cambridge.

Barcelona, 20 de gener de 2004

Antoni Segura

IRAK EN LA ENCRUCIJADA

Autor: Antoni Segura
Composición: Víctor Igual, S.L.

© 2003, Antoni Segura
© de esta edición: 2003, RBA Libros S.A.
Pérez Galdós, 36 – 08012 Barcelona
www.rbalibros.com / rba-libros@rba.es

Primera edición: abril, 2003

REF. NFI-52 ISBN: 84-7901-994-8
DEPÓSITO LEGAL: B. 10.496-2003
Impreso por Novagràfik (Barcelona)

Nosotros los pueblos de las Naciones Unidas resueltos a preservar a las generaciones venideras del flagelo de la guerra que dos veces durante nuestra vida ha infligido a la Humanidad sufrimientos indecibles.

Carta de las Naciones Unidas,
San Francisco, 26 de junio de 1945

A las víctimas de la dictadura,
a las víctimas de las guerras,
a las víctimas del embargo,
a todas las víctimas

A la Rosa,
al Xavier i la Núria,
als meus pares

ÍNDICE

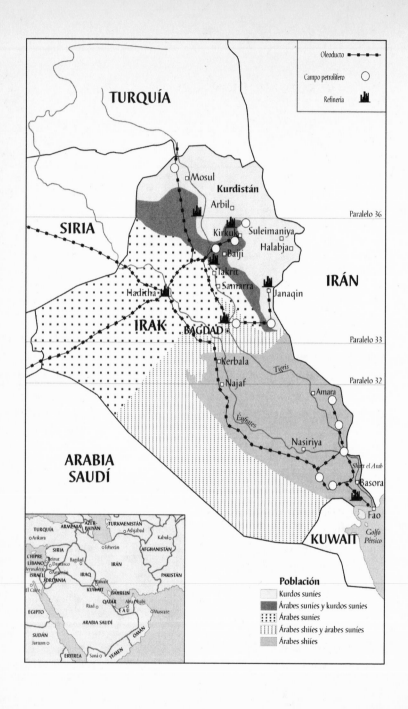

TURQUÍA

SIRIA

IRAK

Mosul

Kurdistán

Arbil

Paralelo 36

Kirkuk   Suleimaniya

Halabja

Baiji

Takrit

Samarra

Hadicha

Janaqin

IRÁN

BAGDAD

Kerbala

Paralelo 33

Najaf

Tigris

Paralelo 32

Amara

Éufrates

ARABIA
SAUDÍ

Nasiriya

Shatt el Arab

Basora

Fao

KUWAIT

*Golfo
Pérsico*

Oleoducto

Campo petrolífero

Refinería

Población

Kurdos suníes

Árabes suníes y kurdos suníes

Árabes suníes

Árabes shiíes y árabes suníes

Árabes shiíes

TURQUÍA   ARMENIA   AZER-
                      BAIYÁN   TURKMENISTÁN

Ankara   Ashjabad   Kabul

CHIPRE   SIRIA   AFGHANISTÁN
LÍBANO   Beirut Bagdad   Teherán
Jerusalén Damasco   IRÁN   PAKISTÁN
ISRAEL   JORDANIA
              Ammán   IRAK   Kuwait

                  KUWAIT   BAHREIN
EGIPTO   QATAR   EAÚ
              Riad   Abu Dhabi
                              Mascate
        ARABIA SAUDÍ   OMÁN

SUDÁN
Jartum   ERITREA   Saná   YEMEN

INTRODUCCIÓN Y AGRADECIMIENTOS

IRAK EN LA ENCRUCIJADA relata la historia reciente de un país y de una exclusión. De un país, Irak, que desde la independencia (1932) sólo ha conocido una monarquía importada e impuesta y una reiteración de golpes de Estado hasta que, en 1968, un nuevo golpe dio paso a un gobierno del Partido Baaz y, con el tiempo, a la dictadura de Sadam Husein. Ésta sería reafirmada con la matanza de julio de 1979, que fue, en realidad, un golpe de estado dentro del partido. Las constantes depuraciones y ejecuciones y el estado de guerra permanente han sido las herramientas utilizadas por Sadam Husein para mantenerse en el poder a costa de la miseria y los sufrimientos de la población. Miseria y sufrimientos que doce años de embargo han llevado hasta límites insoportables, mientras la dictadura utilizaba en beneficio propio el programa Petróleo por Alimentos impulsado desde 1995 por la ONU para paliar la dramática situación de los iraquíes. Desde el verano de 2002, la sombra inquietante de la guerra se volvía a proyectar sobre Irak y su población a medida que la deriva unilateralista de la Administración de Bush se hacía más evidente. El precio de la liberación era, de nuevo, centenares de víctimas civiles y refugiados en forma de daños colaterales. Precio que, realmente, no valía la pena pagar porque la liberación de Irak debía ser obra de los propios iraquíes.

Y una exclusión porque la población de Irak —los shiíes en particular y los kurdos en menor medida— ha sido la gran marginada de la historia del país. En los últimos treinta y cinco años, desde que Sadam Husein accedió al poder, la exclusión y la destrucción de la sociedad civil se han convertido en una constante que, junto con el terrible jinete de la guerra y sus consecuencias —sanciones y embargo—, han provocado un retroceso de varias décadas en el nivel y la esperanza de vida de los iraquíes. La actual crisis no ha hecho sino proyectar un futuro todavía más incierto para una población que, sin duda, merecía mejor suerte.

Este libro es fruto de una larga reflexión que intenta explicar la historia de Irak en los últimos decenios e ir más allá del debate «guerra sí o guerra no», importante, con todo, para los iraquíes, pues son ellos quienes ponen las víctimas. Pretende ahondar en el conocimiento del país, pero también en las consecuencias de la actual crisis y en la remodelación del poder mundial tras la guerra fría. Espero haberlo conseguido en parte.

Este trabajo debe mucho a muchas personas que, de una manera u otra, me han ayudado a hacer posibles las páginas que siguen. A Pere Escrig, de la librería La Central de Barcelona, que me ha prestado una ayuda enorme en la localización y adquisición de gran parte de la bibliografía; a Víctor Gavin, colaborador incansable en la consulta de numerosas páginas web imprescindibles para abordar los temas más recientes; a Milagros Pérez Oliva, que localizó para mí algunos artículos de prensa; a Esteve Crespo, Manuel Pérez y Joan Manuel Perdigó, que me han obligado a estar al día y me han permitido contrastar opiniones; a Mariano Marzo, catedrático de Estratigrafía de la Universitat de Barcelona, por sus comentarios y trabajos sobre las fuentes de energía; a Gema Martín Muñoz, por su amistad, sus observaciones y por ser una de las mejores analistas del mundo islámico; a Bernardino León y Joan Roura, por compartir su experiencia y conocimientos de Oriente Medio y también por su amistad; a Xavier, mi hijo, por ayudarme en tareas informáticas para mí siempre difíciles; a los compañeros del Departament d'Història Contemporània de la Universitat de Barcelona y a los miembros del Centre d'Estudis Històrics Internacionals de la Universitat de Barcelona y, sobre todo, a su director, amigo y compañero de fatigas, Rafael Aracil, por las actividades que realizamos juntos y que tanto me han ayudado a reflexionar sobre algunos de los temas abordados en el libro; al amigo Joan Villarroya, que tanto sabe de guerras; a Marga Fortuny, Patricia Schjaer y Judit Mulet por haber cuidado, en un tiempo récord, la edición de este libro; a Oriol Castanys y RBA por la confianza que depositaron en una obra que todavía no había sido escrita. Por supuesto, a los amigos de Bellver de Cerdanya, donde se han redactado la mayor parte de estas páginas. Y por descontado a Rosa, siempre una dura polemista que me obliga a reflexionar y repensar algunas cuestiones una y otra vez, a Xavier y Núria y a mis padres, por el tiempo del que no hemos dispuesto mientras redactaba estas páginas. Y a todos aquellos que, involuntariamente, me haya podido olvidar. Los errores, como siempre, van en el debe del autor.

Barcelona-Bellver de Cerdanya, marzo de 2003

13

La antigua Mesopotamia (Sumer, Acad, Babilonia, Asiria), donde la tradición sitúa al Jardín del Edén y el inicio de la escritura, del cálculo y de las primeras ciudades, donde la oposición entre sedentarios y nómadas —procedentes de la península de Arabia en busca de las cuencas del Tigris y el Éufrates para que pastaran sus rebaños— se remonta al alba de los tiempos, donde la mayoría árabe shií y la minoría kurda intentan todavía desembarazarse o compartir el poder con la minoría dirigente árabe suní de las ciudades —alineada sucesivamente con el poder turco, con el colonialismo británico y con el nacionalismo árabe—, está hoy, una vez más, sometida a los designios de un dictador y amenazada por la guerra.

Irak tiene actualmente una superficie de 435.000 kilómetros cuadrados (entre la de España, de 505.000 kilómetros cuadrados, y la de Alemania, de 357.000 kilómetros cuadrados), es el país más extenso del Creciente Fértil (que comprende además Líbano, Siria, Jordania y Palestina-Israel) y el tercero más extenso del Machreq (el Creciente Fértil además de los países de la península Arábiga), tras

Arabia Saudí y Yemen. El desierto cubre la mayor parte de la superficie del país y la población se concentra en el eje de la llanura aluvial formada por el Tigris y el Éufrates, que incluso en las zonas de clima más árido da origen a imponentes vergeles que permiten el cultivo (arroz, maíz, cítricos, palmeras).

En el norte y el este el relieve asciende hasta situarse entre los 1.000 y los 2.000 metros o más por encima del nivel del mar y el clima desértico o continental, que predomina en el resto del país, da paso a un clima alpino y mediterráneo. El Kurdistán iraquí, en la frontera con Turquía e Irán, era denominado hace unos años el «granero de Irak», porque su clima más templado permitía la producción de trigo y cebada y el cultivo de tabaco y árboles frutales. En el otro extremo del país, en la desembocadura de Shatt el Arab, el gran estuario que forman el Tigris y el Éufrates al unir sus cauces cerca de Basora, se concentran las tres quintas partes de los palmerales que, antes de la guerra contra Irán, proporcionaban unos excelentes dátiles para la exportación.

La población asciende a casi veinticuatro millones de habitantes (en 1980 eran trece millones), aunque el ritmo de crecimiento, que entre 1995 y 2000 se situaba en torno al 2,7 % anual, ha decrecido notablemente respecto a los períodos 1975-1980 (3,5 %) y 1985-1990 (3,3 %), a pesar de que el programa Petróleo por Alimentos (Consejo de Seguridad de la ONU, resolución 986 de abril de 1995 y siguientes) permitió una ligera recuperación respecto a la primera mitad de la década de los noventa (las elevadas tasas de mortalidad, especialmente infantil, redujeron el crecimiento hasta el 2,2 % anual y casi se alcanzó el límite de reproducción biológica de una sociedad). Se trata de una población muy joven (el 40 % es menor de 15 años;

en España, el 14 %), el 77 % de la cual vive fundamentalmente en ciudades, con una esperanza de vida baja: 57,2 años los hombres y 60,3 años las mujeres (en España es de 74,6 y 81,8 años, respectivamente).

Pero, sin duda, el rasgo más característico de la población iraquí es la diversidad de minorías étnicas y religiosas que, a lo largo de la segunda mitad del siglo xx, ha dificultado la cohesión nacional y ha favorecido la ingerencia extranjera, codiciosa de las reservas de petróleo y gas natural del país (la segunda reserva mundial de petróleo y la décima de gas natural). La composición étnica de Irak comprende árabes, un poco menos de las tres cuartas partes de la población; kurdos, en torno al 23 %; y una serie de pequeñas minorías (turcos, asirios, armenios, turcomanos, etcétera) que, en conjunto, representan cerca del 5 % de la población. Por lo que respecta a la religión, alrededor del 95 % de los iraquíes son musulmanes, aunque divididos, a menudo de manera radical, entre una mayoría shií (el 75 % de la población árabe) y una minoría suní (el 25 % de la población árabe). Los cristianos representan entre el 3 y el 5 % de la población, mientras que los judíos y otras minorías, un porcentaje mucho menor.

La antigua Mesopotamia fue conquistada por los árabes, poco después de la muerte del profeta Mahoma en el año 632, bajo el mandato del segundo califa, Umar ibn al Hattab (634-644), que en el año 637 venció a los persas. Tras el asesinato del cuarto califa, Ali ibn Alií al Talib (656-661), primo y yerno del Profeta que fue enterrado en Najaf —una de las ciudades santas shiíes de Irak—, se instauró el califato omeya en Damasco y se consolidó la escisión shií que tanta incidencia tendría en la vida política del Irak contemporáneo. En el año 680 la resistencia shií fue definitivamente vencida en la batalla de Kerbala —otra de las ciudades santas shiíes de Irak—, donde perdió la vida Al Husain, hijo de Ali.

La derrota omeya en la batalla de Zab el año 750 dio paso a la constitución del califato de los abasíes en Bagdad, que, en cierta medida, asumió el malestar y las sensibilidades de los musulmanes no árabes, pues la instauración de la dinastía árabe de los abasíes descansaba en el principio de igualdad de todos los musulmanes ante la ley. Este hecho abrió el Imperio islámico a la influencia de élites musulmanas no arábigas. Además, la nueva capital, Bagdad, estaba fuertemente impregnada de la cultura persa y todo el imperio se volvió mucho más cosmopolita que en la época de Damasco. Aunque la dinastía abasí entró en decadencia en el siglo X, cuando quedó relegada a la representación simbólica del califato mientras otras dinastías no árabes (buwáyhidas, seljúcidas) ejercían el poder real, el califato se mantuvo en Bagdad hasta que los mongoles destruyeron la ciudad en el año 1258. A finales del siglo XII, Saladino, un sultán originario de Takrit (Irak) expulsó a los fatimíes del poder en El Cairo, venció a los cruzados y tomó Jerusalén.

En el año 1534, Solimán el Magnífico —que fue sultán otomano entre 1520 y 1566— hacía su entrada triunfal en Bagdad. Mesopotamia entraba así en la órbita del Imperio otomano y era definitiva y totalmente ocupada en 1638. La región permaneció como provincia del imperio hasta la primera guerra mundial, cuando, en 1914, las tropas británicas desembarcaron en Fao con la intención de ocupar Irak. En marzo de 1917 los británicos, ayudados por tropas árabes suníes —Londres había prometido a Husein, el emir hachemí de La Meca, la constitución de un Estado independiente si los árabes se sublevaban contra los turcos y abrían un frente en el sur de las provincias otomanas— entraban en Bagdad y ponían fin a cuatro siglos de presencia turca. Sin embargo, antes tuvieron que hacer frente a una sublevación de la población shií que respondió masivamente a la *fatwa** lanzada a finales de 1914 por los religiosos contra la ocupación británica. Más tarde, entre 1918 y 1920, tuvieron que enfrentarse a nuevas revueltas en el sur del país y en el Kurdistán.

La nueva remodelación territorial del Oriente Medio se basaba en los acuerdos secretos de Sykes-Picot de 1916, mediante los cuales Londres y París, haciendo caso omiso a las promesas hechas al emir de La Meca, se repartieron las provincias otomanas. Así, el Reino Unido se quedó con Irak, Palestina y Transjordania (la actual Jordania), lo cual le garantizaba el control del Golfo y de la ruta de las Indias además de los futuros yacimientos de petróleo que pudieran descubrirse. Adén ya estaba bajo la órbita británica desde la primera mitad del siglo XIX, mientras que Bahrein y los Emiratos Árabes Unidos eran protectorados británicos desde finales del siglo XIX, Kuwait, desde 1914 y Qatar, desde 1916. Igualmente se incumplió la promesa, contemplada en el Tratado de Sèvres de 1920, de constituir un Estado kurdo que comprendiera la zona de habla kurda de Anatolia y la región de Mosul. La reacción nacionalista de Mustafá Kemal en Turquía y el descubrimiento, en el año 1927, de importantes yacimientos de petróleo en Mosul y Kirkuk lo impidieron. En aquellos años se sucedieron las revueltas kurdas, que estallaron entre 1919 y 1921, en 1925 y de nuevo en 1930,

---

* *Fatwa*: sentencia (opinión legal), dictamen religioso o consejo religioso-jurídico expresado por un jurista o especialista en derecho islámico. Se considera de obligado cumplimiento.

esta última ahogada en sangre por las bombas que lanzó la Royal Air Force en Suleimaniya, la capital del Kurdistán iraquí.

En 1929 se creó la Iraq Petroleum Company (IPC), destinada a convertirse «en el instrumento privilegiado de los intereses petroleros anglo-americanos en Irak» (Luizard, 2002), pues el tratado anglo-iraquí de 1930, que daba paso a la independencia, fijaba el derecho de la IPC a explotar la mayor parte del subsuelo de Irak (en 1938 la concesión se amplió a todo el subsuelo iraquí). Al mismo tiempo, Londres se aseguraba todo tipo de ventajas militares, económicas y políticas: bases militares, libertad de tránsito para las tropas británicas y capacidad de influencia en las decisiones de la monarquía instaurada por los británicos en 1921 en la figura del rey Faisal, hijo de Husein, emir de La Meca.

El período que abarca de 1932 a 1958 está marcado por las insurrecciones, los golpes de Estado y las revueltas de minorías como los kurdos, en rebelión permanente, o los asirios, que fueron asesinados en masa en 1933. Además, desde la independencia, los shiíes, como ya había sucedido durante el período otomano y el mandato británico, no fueron considerados iraquíes (se les denominaba «iraníes» porque en Irán, país de población no árabe y de tradición persa, el shiísmo es la versión del islam seguida por prácticamente todos los creyentes musulmanes) y se los excluyó del gobierno, el ejército y la administración del Estado. En este marco de convulsiones e inestabilidad política, donde el ejército asumía un papel cada vez más preponderante como árbitro de la situación y garante de la monarquía, la figura de Nouri As Said, el antiguo compañero de Lawrence de Arabia, se convirtió en una constante que aseguraba la continuidad de la presencia británica: fue primer ministro entre 1938 y 1940, 1941 y 1943, en 1946, en 1949, entre 1954 y 1955 y de nuevo en 1958.

En los años cincuenta, el malestar social, político y económico fue creciendo a medida que se renovaban las concesiones a la IPC (1952), se afianzaba la política prooccidental y proestadounidense de Faisal II con la entrada de Irak en el Pacto de Bagdad —alianza militar entre Irak, Turquía, Reino Unido, Irán y Pakistán auspiciada por Estados Unidos en 1955— y se reforzaba la política de represión adoptada por Nouri As Said en 1954 con la prohibición de todos los partidos políticos. Además, la Revolución de los Oficiales Libres en Egipto en 1952 y la victoria moral de Nasser en la guerra árabe-israelí de 1956 propiciaron un violento golpe de Estado el 14 de julio de 1958, que acabó con el rey, con el príncipe heredero y con Nouri As Said y proclamó la república. El golpe, protagonizado por oficiales nacionalistas y de izquierdas y liderado por el general Abdelkarim Kassem, instauró un gobierno militar —diez de los catorce ministros eran militares— y puso en estado de alerta tanto a los gobiernos occidentales como a las monarquías conservadoras y corruptas del mundo árabe. No en vano, en esos momentos, Irak figuraba entre los diez principales productores de petróleo del mundo. Dos años más tarde se convertía en uno de los cinco miembros fundadores de la Organización de Países Exportadores de Petróleo.*

* La Organización de Países Exportadores de Petróleo (OPEP) se fundó en la Conferencia de Bagdad (10-14 de septiembre de 1960) y agrupa a once países: Arabia Saudí, Irak, Irán, Kuwait, Qatar, Emiratos Árabes Unidos, Argelia, Libia, Nigeria, Venezuela e Indonesia. Durante unos años también formaron parte de la organización Ecuador (1973-1992) y Gabón (1975-1994).

Sin embargo, el general Kassem no pudo vencer la división existente en el ejército entre los partidarios del Baaz,* liderados por el coronel Abdel Sarem Aref, y el Frente Nacional Unificado, que agrupaba a comunistas, shiíes y kurdos. La tensión entre las dos tendencias y el desplazamiento de los baazistas del poder provocaron nuevos intentos de golpe de Estado, rebeliones y atentados: un joven Sadam Husein participó en el atentado en el que resultó herido Kassem en octubre de 1959. De nada había valido a Kassem retirar a Irak del Pacto de Bagdad en marzo del mismo año, pues el Partido Baaz, que defendía el nacionalismo árabe, el socialismo y el laicismo, no le perdonaba que hubiera optado por establecer un régimen iraquí antes que árabe con el consiguiente distanciamiento del Egipto de Nasser. En esas condiciones, el régimen derivó rápidamente hacia una dictadura personal con el apoyo de los comunistas, hasta que también éstos fueron apartados del gobierno en 1960. A partir de entonces el régimen tuvo los días contados: el aislamiento internacional, la oposición del Partido Baaz y la gran revuelta del Kurdistán de 1961 acabaron por debilitarlo del todo. Kassem intentó mantenerse en el poder favoreciendo al ejército, reclamando los derechos de Irak sobre Kuwait en el momento de la independencia del emirato (1961) y exigiendo una mayor participación en los beneficios del petróleo que se repartían a partes iguales las cuatro compañías extranjeras integrantes de la Iraq Petroleum Company (British Petroleum Company, Compagnie Française des Pétroles, la anglo-holandesa Royal Dutch-Shell y la esta-

---

* El Partido del Resurgimiento Árabe Socialista, o Partido Baaz, fue fundado en Siria en 1947 y rápidamente extendió su influencia al vecino Irak.

dounidense Near East Development). Todo fue inútil. El 8 febrero de 1963 un golpe de Estado de inspiración baazista depuso a Kassem, que fue ejecutado. Poco después, el nuevo hombre fuerte de la situación y del ejército, Abdel Sarem Aref, se deshizo de los baazistas, que propugnaban la unión con Siria, y de los nasseristas, que defendían la unión con Egipto, e instauró un régimen presidencialista y conservador. A su muerte, en abril de 1966, le sustituyó su hermano Abd al Rahman Aref, que muy pronto, en julio de 1968, fue depuesto por un golpe de Estado baazista.

EL ASCENSO DE SADAM HUSEIN

El 17 de julio de 1968 un golpe de Estado baazista puso fin al mandato de Abd al Rahman Aref. El 18 de julio se proclamó el Consejo de Mando de la Revolución (CMR) formado por siete oficiales que ocupaban los principales cargos del ejército y del gobierno: el general Ahmad Hassan al Bakr, hombre fuerte del golpe y presidente de la república; Salih Mahdi Ammash, ministro del Interior; Hardan al Takriti, jefe del CMR y comandante de la Fuerza Aérea; Hammad Shihab al Takriti, comandante de la Guarnición de Bagdad; Abdel Razaq al Nayyef, primer ministro; Ibrahim Abd al Rahman al Daud, ministro de Defensa y Sadun Ghaydan, comandante de la Guardia Republicana. Los tres primeros oficiales eran miembros del Baaz, mientras que el resto eran independientes. Al Bakr, Hardan al Takriti y Shihab al Takriti procedían del clan de la provincia de Takrit; los dos primeros eran, además, primos. Sadam Husein se hizo cargo de la recién creada Oficina de Relaciones Generales, que no era sino el servicio de seguridad e información creado por el nuevo gobierno. Desde entonces, el sistema de seguridad de

Irak ha estado en sus manos o en las de familiares directos u hombres de su entera confianza procedentes de familias humildes de Takrit u otras localidades suníes próximas, como Ana, Samarra, Haditha o Mosul. Sobre todo después del error cometido al nombrar director de la rebautizada Oficina de Seguridad Nacional a su protegido Nazim Kazzar, un shií que aborrecía el círculo de Takrit.

El 30 de julio se produjo un golpe dentro del CMR: Sadam Husein arrestó al primer ministro, Abdel Razaq al Nayyef —obligado a exiliarse en España y en 1978 asesinado en Londres— y al ministro de Defensa, que en aquel momento se encontraba de visita en Jordania, país desde donde emprendió el camino del exilio. Shihab al Takriti y Ghaydan se declararon inmediatamente baazistas, de tal manera que, tras la intervención de Sadam Husein, el CMR, verdadero artífice del nuevo poder en Irak, quedó totalmente en manos del Partido Baaz. El gobierno también estaba dominado por este partido: de los 26 miembros del gabinete, 14 eran baazistas, 9 eran independientes nacionalistas y 3 eran kurdos.

Después del 30 de julio de 1968, Ahmad Hassan al Bakr ocupó la presidencia y el cargo de primer ministro; Sadam Husein, la vicepresidencia; y Hardan al Takriti asumió los cargos de viceprimer ministro y ministro de Defensa. Todos ellos eran parientes y miembros del clan de la provincia de Takrit, al que también pertenecía la nueva cúpula dirigente de oficiales suníes. El núcleo duro de Takrit controlaba con mano de hierro el ejército y el aparato del partido y, sobre todo, los servicios de información del CMR y de la presidencia, lo que les permitía obtener absolutamente toda la información sobre los movimientos de la oposición política y religiosa: «Sadam ordenó que todos los afiliados espiaran a los demás para detectar todo acto de desvío y fue obedecido sin protestas. Esta actividad, entre otras, justificó la adopción del lema "Nada está por encima del partido"» (Aburish, 2001).

Los primeros pasos de Al Bakr y Sadam Husein fueron llevar a cabo una intensa represión indiscriminada contra comunistas, nasseristas, baazistas prosirios, etcétera, que alcanzó también a algunos militantes del Baaz. Se eliminaba así cualquier vestigio de oposición a la vez que se consolidaba el poder de los nuevos dirigentes, y se entró en un corto período de estabilidad. Sin embargo, muy pronto, Mustafá Barzani, dirigente del Partido Democrático del Kurdistán de Irak (PDK), acusó al nuevo gobierno de no respetar los acuerdos de 1966 y el Kurdistán se levantó en armas. Tras algunos combates, en marzo de 1970 se firmó un nuevo acuerdo y entraron en el gobierno cinco ministros kurdos.

Paralelamente, Al Bakr y Sadam Husein, para contrarrestar las tensiones entre las alas civil y militar del Baaz, intentaron dotar a su gobierno de una mayor base social y política. Asimismo, aprovechando la aproximación a la URSS —Sadam Husein viajó a Moscú en 1970 y, dos años más tarde, se firmó un tratado de cooperación y amistad con este país—, se dio entrada a miembros del Partido Comunista Iraquí (PCI) en el gobierno. Dicha aproximación activó la conspiración de Nazim Kazzar, siniestro personaje que, desde 1969, se encargaba, a través de los servicios de seguridad, de la represión, la tortura y el asesinato de los disidentes o los enemigos del régimen. En julio de 1973, Kazzar y una parte del sector civil del Partido Baaz, contrariados por la aproximación de Al Bakr a los comunistas y por la popularidad que le había dado la nacionalización de la Iraq Petroleum Company (IPC) en junio de 1972, organizaron una conspiración contra el presidente aprovechando que se encontraba de viaje a Polonia. Kazzar hizo arrestar a los ministros de Defensa y de Interior y preparó una operación para asesinar a Al Bakr cuando llegara al aeropuerto. Sin embargo, el retraso en la llegada del avión presidencial y la reacción de Sadam Husein, que movilizó al ejército, abortaron el complot. El 7 de julio Kazzar y 22 de sus cómplices fueron ejecutados; el resto, encarcelados. Entonces Barzan al Takriti, hermanastro de Sadam Husein, se hizo cargo de los servicios de seguridad. Las consecuencias de la conspiración fueron el refuerzo del sector militar del Partido Baaz y de los poderes del presidente y del Consejo de Ministros, la reducción del CMR a los siete miembros que había tenido en un principio y, la más visible, la constitución del Frente Nacional Progresista, en el que participaban el Partido Baaz, el PCI y el PDK, pocos días después de la ejecución de Kazzar.

En la primera mitad de la década de los setenta se llevaron a cabo algunas de las medidas más radicales del gobierno del Partido Baaz. Así, en junio de 1972 se nacionalizó la IPC (en aquellos momentos Irak era el décimo productor de petróleo del mundo, con el 2,9 % de la producción mundial). En octubre de 1973, varios cazas y 30.000 efectivos de las tropas iraquíes, así como una división blindada de 300 tanques, participaron en el frente sirio de la cuarta guerra árabe-israelí, aunque, debido a la falta de plataformas de transporte, los blindados tuvieron que realizar por sus propios medios un viaje de dos días, de modo que la división llegó en tal estado de agotamiento que sufrió muchas bajas y perdió casi un tercio de los carros. En esos años, Bagdad acogió y dio apoyo logístico a las organizaciones más radicales del mundo árabe y del movimiento de liberación nacional palestino, además de a los grupos de la izquierda internacional que practicaban la lucha armada y el terrorismo. Posteriormente, cuando Sadat inició su aproximación a Israel —que concluiría con su trascendental viaje a Jerusalén (noviembre de 1977), la firma de los Acuerdos de Camp David (septiembre de 1978) y el establecimiento de relaciones diplomáticas (1980)—, Bagdad participó en el Frente de Rechazo formado por Libia, Argelia, Irak, Yemen del Sur, Siria y la Organización para la Liberación de Palestina y de la expulsión de Egipto de la Liga Árabe que duró desde 1979 a 1987.

Sin embargo, Bagdad también intentaba no aislarse totalmente del mundo capitalista e intensificó los intercambios comerciales con Francia, el Reino Unido, Japón, la República Federal de Alemania, Italia, Brasil y Estados Unidos, con quien no mantenía relaciones diplomáticas desde la guerra de 1967. Por otro lado, estableció acuerdos sobre la seguridad en el Golfo con Arabia Saudí y sobre delimitaciones territoriales con Irán (Acuerdo de Argel sobre Shatt el Arab, 1975) y Kuwait (acuerdo sobre la soberanía de las islas de Bubian y de Warba, 1979).

A mediados de la década de los setenta, Sadam Husein, amparándose en el creciente control que ejercía sobre las unidades clave del ejército y en la protección de Ahmad Hassan al Bakr, primo y viejo conocido de su tío materno Jairallah Tulfah, y de Michel Aflak,* líder y fun-

---

* Jairallah Tulfah tuvo un papel determinante en la biografía de Sadam Husein, puesto que lo acogió siendo niño cuando su madre contrajo de nuevo matrimonio. Jairallah Tulfah era el tío materno de Sadam Husein, padre de Adnan Jairallah y de Sajida, su primera esposa. Era maestro y ex oficial del ejército, ya que en 1941 había sido expulsado del ejército por apoyar la rebelión de Rashid Ali y había sido encarcelado durante cinco años. Se ocupó del pequeño Sadam

dador del Partido Baaz, dio los primeros pasos en el camino para hacerse con el poder absoluto tanto en el Partido Baaz como en Irak. Se inicia así un largo período de represión del que no escapará nadie, ni los miembros del partido, ni los comunistas, ni los kurdos, ni los shiíes, que culminará en la masacre de julio de 1979.

En 1974 se proclamó una autonomía kurda que excluía los yacimientos de petróleo de Kirkuk, Janaqin y Mosul. Los kurdos, con el apoyo logístico de Irán, interrumpido al firmarse el Acuerdo de Argel en 1975, iniciaron una nueva guerra cuyo objetivo era, en palabras del líder del PDK, Barzani, «derrocar al régimen iraquí» e «instaurar un régimen democrático parlamentario» que dotara al Kurdistán de una verdadera autonomía. La acción del ejército y una feroz represión pusieron fin a la revuelta kurda. Tras los últimos combates, que tuvieron lu-

---

Husein, que tenía entre ocho y diez años, le dio estudios, lo trató como a un hijo y le ofreció a su hija en matrimonio. Años más tarde, Sadam Husein lo recompensaría con diversos cargos oficiales entre los que destaca el de gobernador de Bagdad.

Michel Aflak, un cristiano de Damasco que en 1940 había creado el Partido del Resurgimiento Árabe, y Salah al Din al Bitar, defensor del nacionalismo panarabista opuesto al tradicionalismo imperante en los pocos países árabes que habían accedido a la independencia, fundaron el Partido Baaz. En 1966, tras el golpe del ala radical del Baaz en Siria, los dirigentes históricos del partido, que representaban el ala moderada, se exiliaron en Irak. Allí Michel Aflak se encontró con Sadam Husein, antiguo protegido suyo (Sadam Husein se había exiliado en Siria y Egipto después de participar en el atentado contra Kassem en 1959). El fundador del Baaz murió en Irak, por causas naturales, en junio de 1989. Seguía siendo fiel a su protegido, quien difundió una poco convincente historia según la cual Aflak se había convertido al islam poco antes de morir, aunque había declarado no reconocer ya el partido que había fundado.

gar en abril de 1976, Barzani se exilió en Irán junto a 250.000 seguidores. También los comunistas conocieron la represión a partir de 1976. Mientras tanto, se procedió a la depuración del ejército —entre 1968 y 1978 fueron ejecutados decenas de oficiales opuestos a darle una orientación baazista— y del Baaz: en los lugares de responsabilidad sólo quedaron miembros del clan de Takrit fieles a Sadam Husein.

La creación del Frente de Rechazo permitió una momentánea aproximación a Siria, país también gobernado por el Baaz desde 1963 y con el que se firmó, en octubre de 1978, la Carta de Acción Nacional Conjunta para coordinar futuras iniciativas antiisraelíes. Sin embargo, poco después volvieron a romperse las relaciones entre ambos países porque Bagdad acusó a Damasco de haber inspirado un intento de golpe de Estado. Pero los acontecimientos no fueron tan simples y existen motivos que inducen a pensar que todo fue una manipulación de Sadam Husein para deshacerse de un envejecido Ahmad Hassan al Bakr, librar la última gran batalla interna del Partido Baaz iraquí y lograr definitivamente el poder absoluto. Con toda probabilidad, los enemigos de Sadam utilizaron al presidente, que indudablemente desde hacía tiempo se veía relegado por las iniciativas del vicepresidente, para acabar con su poder. Al Bakr planteó una cuestión intachable, tanto desde el punto de vista teórico como ideológico: la unidad de los dos partidos Baaz y de Irak y Siria bajo su presidencia, con Hafez al Assad como sucesor. Era la consecuencia lógica de la Carta de Acción Nacional Conjunta. La fórmula reducía el poder de Sadam Husein. No obstante, ni el mismo Al Assad, que eludió la posible unidad, estaba convencido de que éste aceptaría sin resistencia su degradación, teniendo en cuenta que controlaba la seguridad del Estado y el ejército. Además, Estados Unidos y los países europeos no veían con buenos ojos una unidad que podía dar como resultado una potencia árabe capaz de inquietar a Israel, pero tampoco la instauración de una república islámica en Irán que pudiera desestabilizar la región del Golfo (la revolución de Jomeini había tenido lugar en febrero de 1979). Y Sadam estaba dispuesto a jugar con la dos cartas que tenía en sus manos: la confrontación con el Irán de Jomeini y la ruptura del proceso de unión con Siria. Así se lo hizo saber a Jordania, Arabia Saudí y los servicios de información occidentales, entre ellos, la CIA. Nadie se opondría a un golpe de Estado interno en el Baaz iraquí protagonizado por Sadam Husein.

El 16 de julio de 1979, undécimo aniversario del golpe de Estado que había llevado al Baaz al poder en Irak, un fatigado Al Bakr apareció en televisión para anunciar su dimisión por motivos de salud. Asimismo anunció que sería sustituido en la presidencia por Sadam Husein.

Días después, el 28 de julio, Sadam Husein reunió en una gran sala de conferencias al CMR y a otros miembros destacados del Baaz. En total había 400 personas. Lo que allí ocurrió fue filmado y se hicieron copias para repartirlas y mostrarlas al público como advertencia para futuros conspiradores. La sesión empezó con un relato de dos horas del «arrepentido» secretario general del CMR, Muhi Abdel Husein Mashhadi, quien, con evidentes muestras de haber sido torturado, desgranó la supuesta conspiración siria y dio los nombres de todos los implicados. A medida que se pronunciaban los nombres, la policía secreta sacaba a trompicones a los hombres de la sala. Algunas fuentes afirman que luego, en los sótanos del edificio, Sadam Husein repartió pistolas a sus fieles del CMR y el gobierno, que se encargaron de ejecutar a los prisioneros allí mismo. Sadam Husein sellaba con un pacto de sangre la última purga en el Baaz: un tercio de los integrantes del CMR, la más alta instancia política del país, y la mitad de los miembros de la dirección del Baaz fueron ejecutados en aquel momento o tras los juicios celebrados en días posteriores. La represión recorrió el partido hasta sus cimientos. No escapó ninguno de los que habían apoyado la unión con Siria: ni antiguos líderes del partido ni amigos personales y de confianza del nuevo presidente. Se calcula que fueron unos cuatrocientos los ejecutados y varios centenares más los defenestrados políticamente.

Durante la década que compartieron el poder, Al Bakr y Sadam Husein se beneficiaron de un importante incremento de las rentas del petróleo gracias a la nacionalización de la Iraq Petroleum Company, la utilización del crudo como arma política en la cuarta guerra árabe-israelí y a la primera gran subida de los precios entre 1973 y 1980. Así, las rentas del petróleo pasaron de 575 millones de dólares en 1972 a 1.480 millones en 1973 y a 5.700 millones en 1974. Entre 1973 y 1980 las rentas se multiplican por catorce, mientras que las exportaciones lo hacían sólo por dos. A finales de los años setenta se calculaba que Irak (cuarto productor de petróleo del mundo con el 5,5 % de la producción mundial) poseía el 11 % de las reservas mundiales y que las rentas del crudo ascendían a unos veinte mil millones de dólares anuales, lo que representaba el 90 % de la renta nacional y de las exportaciones. El petróleo permitió un desarrollo económico sin precedentes que mejoró el nivel de vida de la población, a pesar de que los beneficios del crecimiento se invirtieron preferentemente en el mismo sector petrolero —en 1977 Irak disponía ya de una capacidad de refinado de 187.000 barriles por día— y en la compra de armamento moderno al Reino Unido, la URSS, Francia y otros países. Este armamento convirtió al ejército iraquí en el más importante del Machreq, a cambio del estancamiento de las industrias de bienes de consumo y, sobre todo, de la agricultura: en 1975 se importaban el 65 % de los alimentos.

Sin embargo, sería injusto no mencionar los esfuerzos de Sadam Husein por modernizar e industrializar el país aprovechando las rentas petroleras. En una secuencia de intervenciones que recuerda mucho a la URSS de los primeros años de Stalin, a quien Sadam Husein profesaba una profunda admiración, el vicepresidente iraquí impulsó proyectos para la construcción de plantas de refinado de azúcar que utilizarían remolacha y dátiles, plantas de explotación de fosfato, azufre y otros productos químicos y fertilizantes que abundan en Irak —como el gran complejo integrado de Zubeir, dedicado al acero, los productos químicos y los fertilizantes, que costó unos cuarenta y cinco mil millones de dólares— y granjas para la producción de leche y huevos. Realizó un plan de recuperación de tierras de cultivo, pues la elevada evaporación y las sales que arrastran las aguas del Tigris y el Éufrates causan una progresiva salinización de las tierras de cultivo y la consiguiente desertización. Se mejoró la red de oleoductos para ganar independencia respecto a los países de paso (Siria, Jordania y Turquía) y la salida por el puerto de Basora. Asimismo, se construyeron viviendas, ferrocarriles, hospitales, clínicas y mercados y se llevó la electricidad a cuatro mil aldeas, junto con un programa de adquisición gratuita de frigoríficos y televisores para las familias con menos recursos. En cierta medida, fue una breve revolución que amplió el abanico de las empresas y los países occidentales que operaban en Irak: República Federal de

Alemania, Reino Unido, Estados Unidos, Dinamarca, Italia, Francia, España, Suecia, Portugal, Brasil, Japón, Canadá, Irlanda. En el caso de los países del Este, la URSS, Polonia, la República Democrática Alemana y Yugoslavia eran los principales implicados en los intercambios comerciales y el desarrollo de Irak.

Estos proyectos se acompañaron de una política de liberalización y desarrollo del sector privado, pues Sadam Husein era consciente de que desbordaban las capacidades del sector público. Para facilitar el crecimiento del sector privado se crearon bancos industriales, agrícolas e inmobiliarios, de tal manera que, en 1977, «el sector privado representaba por lo menos el 25 % de la producción económica del país, quizá el triple de su tamaño en 1970» (Aburish, 2001).

Al mismo tiempo se fomentó la educación con la creación de escuelas, becas y medios de transporte. Pero sobre todo se promocionó el acceso de la mujer a la educación —el porcentaje de mujeres que iban a la escuela pasó del 34 % en 1970 al 95 % en 1980 (Aburish, 2001)— y al mercado laboral. Según los datos proporcionados por Kanan Makiya (1998),* uno de los críticos más severos de Sadam Husein, en ese período, las mujeres eran el 46 % de los enseñantes, el 29 % de los médicos, el 46 % de los odontólogos y el 70 % de los farmacéuticos. Además, fueron admitidas en las fuerzas armadas y algunas llegaron a pilotar aviones.

* Kanan Makiya es un acomodado exiliado iraquí «que sirve incondicionalmente al poder», ya fuera el de Sadam Husein hace años o, en la actualidad, como «jefe de un grupo del Departamento de Estado [de Estados Unidos] que preparaba el Irak posterior a la guerra y a Sadam» (Said, 2002).

Pero, sin duda, lo más destacable de esos años es la importancia adquirida por las inversiones en armamento, que pasaron de 500 millones de dólares en 1970 a 4.500 millones de dólares en 1975, y se dispararon hasta cifras impensables en los años siguientes. Sadam Husein estaba convencido de que ningún pueblo podía ser libre si no disponía de autonomía armamentística, e Irak y el pueblo árabe no constituían ninguna excepción. Así pues, desde principios de los setenta, se fijó dos objetivos: diversificar las compras de armamento para no depender de un solo proveedor, como sucedía hasta entonces con la URSS, y desarrollar una industria armamentística propia.

Las primeras compras importantes de armamento occidental datan del momento de la nacionalización de la Iraq Petroleum Company, cuando Irak, para compensar a Francia, uno de los accionistas de la compañía nacionalizada, compró 16 helicópteros Alouette y 38 vehículos blindados. Poco después Irak adquirió a cambio de petróleo entre 60 y 80 aviones Mirage F1 y 200 carros de combate AMX 30 a Francia, sofisticados navíos de guerra a Italia —en 1976 la General Electric recibió autorización del gobierno del presidente Carter para suministrar motores para las lanchas torpederas que se estaban construyendo para Irak en Italia—, 200 vehículos de transporte blindados Cascavel a Brasil y varios helicópteros Lynx al Reino Unido.

Según Said K. Aburish (2001), que participó en los contactos y las compras de armamento de Irak, en 1975 se abrió la tercera etapa de la colaboración entre Estados Unidos y Sadam (las dos primeras serían, según este autor, el respaldo, implícito o explícito, de la CIA a los golpes de Estado protagonizados por el Partido Baaz en 1963 y 1968). La colaboración consistió en la compra de un sofisticado sistema de telefonía móvil que permitía a los dirigentes baazistas estar en contacto permanente y prevenir así cualquier posible golpe de Estado, y la ayuda necesaria para «obtener tecnología para construir su primera planta de guerra química». Con los planos y las recomendaciones procedentes de la Pfaulder Corporation de Rochester (Nueva York), los iraquíes contactaron con diversas empresas de Alemania, el Reino Unido e Italia y, finalmente, «compraron la planta por secciones, en Italia, Alemania Occidental y Alemania Oriental, y luego recurrieron a sus científicos para ensamblarla por su cuenta».

En 1981 Irak firmó otro contrato, ahora con Thyssen Rheinstahl Technik, por la construcción de una planta de producción de gases tóxicos, especialmente tabún y sarín. Por su parte, el contrato firmado en 1980 con la compañía francesa Thomson-CSF que acordaba la creación de una industria electrónica iraquí, el complejo Saad 13, puede considerarse también indirectamente relacionado con la compra de armamento.

El contrato estrella de Irak con los países occidentales fue el suscrito con Francia en 1976, por la compra de reactores de uranio que, con los nombres de Tamuz 1 y Tamuz 2, fueron instalados en el complejo de Osirak, bombardeado por la aviación israelí en 1981. El contrato incluía asistencia técnica, transferencia de personal —en el bombardeo israelí murió un ingeniero francés— y la formación de 600 científicos iraquíes. Por si quedaba alguna duda de las intenciones de Sadam Husein de desarrollar armas nucleares, éste «inició negociaciones con Brasil para comprar otros reactores, obtener conocimientos técnicos y llegar a un convenio de intercambio de información atómica». Además, en 1978, «Snia Technit, la poco conocida filial de Fiat en Italia, firmó un acuerdo

con Irak para vender laboratorios nucleares y equipo»
(Aburish, 2001). Se firmaron también otros contratos menores con compañías españolas, argentinas y portugue-
sas, relacionados con material de uso dual, es decir, de
utilización civil pero también susceptible de ser utilizado
en la fabricación de armas nucleares. En definitiva, lo menos que puede decirse de la actitud de los gobiernos de los
países occidentales en aquellos momentos es que era de
un cinismo desaforado. No sólo conocían las intenciones
de Sadam Husein, sino que contribuían a desarrollarlas
porque de esta manera creían reducir la dependencia de
Irak respecto a la URSS. Lo cual, en tiempos de guerra
fría, era una victoria importante. Fueron aquellas tempes-
tades las que trajeron los actuales lodos.

Sin embargo, las mejoras económicas no habían conseguido contrarrestar un creciente malestar social alimen-
tado con la represión y expulsión de población shií hacia
Irán, y con el arresto, ejecución o exilio de numerosos clé-
rigos shiíes. Lo cierto es que una década continuada de represión había apartado del régimen a casi todo el mundo,
incluidos amplios sectores del Partido Baaz. Pero la oposición al régimen sólo podía aspirar a mantener frágiles
alianzas, siempre en el exilio, como el denominado Frente Patriótico Nacional Democrático de Irak creado en Damasco en 1980 por ocho organizaciones políticas entre
las que figuraban el Partido Comunista Iraquí —margina-
do del poder en la segunda mitad de los setenta—, algunos disidentes históricos del Partido Baaz, diferentes partidos socialistas iraquíes y kurdos y la Unión Patriótica
del Kurdistán de Yalal Talabani. También la oposición shií
intentaba organizarse para hacer frente a una represión
que amenazaba con acabar con su movimiento político-
religioso.

En definitiva, desde julio de 1979 Sadam Husein ostentó un poder absoluto, rodeado de un amplio clan familiar que controlaba tanto el Baaz como el ejército y practicaba una férrea represión. Después de eliminar a todos sus potenciales rivales, se procuró colaboradores que consideraba seguros, particularmente personas procedentes de Takrit, su lugar de nacimiento, y de miembros de su familia. Así, el Consejo de Mando de la Revolución (CMR), tras la matanza de julio de 1979, fue progresivamente reducido de 17 a 7 miembros, sin contar al propio Sadam Husein, entre agosto de aquel mismo año y junio de 1982. De esos siete miembros, dos eran primos —uno de ellos era a la vez cuñado— de Sadam Husein, mientras que otros tres eran dirigentes históricos que gozaban de la confianza del presidente, puesto que habían sobrevivido a todas las purgas: Izzat al Duri, Taha Yasín Ramadán —ambos miembros del CMR desde noviembre de 1969, igual que el mismo Husein— y el cristiano Tarek Aziz.

Paralelamente, Sadam Husein desarrolló un culto a su personalidad que lo llevó a compararse con el emperador babilonio Nabucodonosor o con Saladino, vencedor de los cruzados, originario de Takrit como él. También puso en pie un cuerpo de policía política y secreta sin precedentes, integrado por decenas de miles de agentes que controlaban minuciosamente a la sociedad iraquí, sin olvidar el ejército y el Baaz.

Pero, ese mismo 1979, la situación del Oriente Medio y de Irak iba a dar un vuelco. Jomeini, líder shií iraní exiliado durante doce años en Najaf, una de las ciudades santas shiíes de Irak, y compañero de Muhammad Baqer al Sadr, el líder religioso de los shiíes iraquíes, encabezó una revolución que llevó a sus máximas cotas la tensión entre Irak e Irán. El ayatolá Muhammad Baqer al Sadr, cuya obra inspiró la Constitución que Jomeini adoptó para la República Islámica de Irán, fue ejecutado, junto a su hermana, el 8 de abril de 1980. Este hecho llevó al máximo la tensión reinante: «Por primera vez un gobierno iraquí había osado atentar contra la persona de un *marja*,* considerada sagrada a ojos de los shiíes. Desde entonces, la guerra entre el movimiento religioso shií y el gobierno baazista fue total» (Luizard, 2002).

* *Marja:* dirigente religioso cualificado por su conocimiento y su esfuerzo en interpretar la *sharia* (ley islámica) que los shiíes toman como fuente de referencia y modelo religioso a seguir.

LA PRIMERA GUERRA DEL GOLFO:
LA GUERRA IRAK-IRÁN

En la segunda mitad de la década de los setenta y, contrariamente a lo que pudiera pensarse, las relaciones entre Irak y el Irán del sha Reza Palevi no eran malas. Sin duda ambos eran los máximos representantes en el golfo Pérsico de las dos grandes potencias, pero, como se ha visto, el pragmatismo de Sadam Husein había impulsado desde muy pronto a su país a establecer relaciones comerciales con los países occidentales, incluido Estados Unidos, de donde procedía una parte del armamento más moderno que poseía Bagdad. Las relaciones con Moscú seguían siendo las de un fiel aliado en el sistema de bloques, pero se habían resentido tras la ruptura con los comunistas iraquíes a mediados de la década. En suma, la alineación con el bloque del Este no impedía a Irak conservar un amplio margen de maniobra y una gran autonomía en sus relaciones exteriores. Además, en marzo de 1975, Irán e Irak suscribieron el Acuerdo de Argel sobre las delimitaciones fronterizas en Shatt el Arab y la soberanía de algunas islas del Golfo. No obstante, lo cierto es que dicho acuerdo fue vivido por Sadam Husein, entonces ministro de Asuntos

Exteriores y signatario del mismo, como una humillación: Irak lo firmaba en un momento de debilidad, presionado por la nueva revuelta kurda y a cambio de que Irán, que imponía el trazado de fronteras que le convenía, retirara su apoyo a los kurdos.

La caída del régimen del sha en febrero de 1979 y la revolución islámica impulsada por el ayatolá Jomeini cambiaron bruscamente el escenario de las relaciones entre Irak e Irán. La vieja discusión sobre la soberanía de las islas del Golfo reapareció de nuevo y ambos países se acusaban mutuamente de interferir en los asuntos internos del otro. De un lado, Teherán acusaba a Bagdad de fomentar y apoyar la rebelión en el Kurdistán iraní y en el Khuzistán-Arabistán, una región de población árabe situada en el oeste de Irán, cuya capital es Ahwaz, que posee importantes yacimientos de petróleo y una gran refinería en la ciudad de Abadán. Del otro lado, Bagdad acusaba a Teherán de incitar a la población shií de Irak a sublevarse contra el régimen del Baaz y al ayatolá Muhammad Baqer al Sadr, líder del movimiento de renacimiento islámico surgido alrededor del Partido Al Dawa al Islamiyya (Partido de la Llamada del Islam), de haber enviado un telegrama a Jomeini donde, tras mostrar su apoyo al nuevo régimen islámico de Teherán, expresaba su opinión de que a «otros tiranos también les alcanzaría el momento de rendir cuentas». Asimismo, en 1980, promulgó una *fatwa* que prohibía a los musulmanes adherirse al Partido Baaz, contestada por Sadam Husein cuando castigó con la muerte la afiliación al Partido Dawa, lo que dio lugar a centenares de ejecuciones.

A partir de mediados de 1979, los incidentes entre los dos países se multiplicaron. Por una parte, los dirigentes religiosos iraníes se mostraban decididamente partidarios de exportar su revolución a otros países del Golfo, en especial a Irak, que alberga algunas de las ciudades santas shiíes más importantes, a Arabia Saudí, sede de los lugares santos del islam, y a otros países de la península Arábiga. Por otra parte, en junio de 1979 una incursión de la aviación iraquí en la frontera con Irán causó seis muertos. Era el inicio de una serie de incidentes en cadena que se sucedieron casi a diario entre febrero y septiembre de 1980. Abdel-Majid Trab Zemzemi (1985) contabiliza, entre abril de 1979 y septiembre de 1980, 636 agresiones de Irak contra Irán y 347 agresiones de Irán contra Irak. Por agresiones se entiende violaciones de la línea fronteriza o del espacio aéreo, operaciones aéreas, terrestres o de artillería.

La ejecución del ayatolá Muhammad Baqer al Sadr en abril de 1980 encrespó todavía más los ánimos de la población shií de Irak, que veía impotente cómo se ajusticiaba a sus principales líderes religiosos y se cerraban sus mezquitas: entre junio de 1979 y junio de 1983 fueron ejecutados 48 líderes religiosos shiíes y se cerraron o reconvirtieron en almacenes, restaurantes o cafés 37 mezquitas: 16 en Bagdad, 5 en Basora, 5 en Najaf, 4 en Diala, 4 en Babel y 3 en Dhi Qar. Además, coincidiendo con la ejecución de Al Sadr fueron expulsados hacia Irán 40.000 shiíes iraquíes presuntamente de «origen iraní» (a lo largo de los ocho años de guerra 400.000 shiíes iraquíes tuvieron que refugiarse en Irán y Siria). Finalmente, a mediados de septiembre de 1980, Bagdad anunció su decisión de revisar el Acuerdo de Argel de 1975 sobre Shatt el Arab y la soberanía de las islas del Golfo en disputa.

En definitiva, todo apunta a que, en el verano de 1980, Sadam Husein se había decidido ya a entrar en guerra contra Irán. Había varias razones para ello:

1. Sadam Husein estaba convencido de que la población shií iraquí veía con simpatía la instauración de un régimen teocrático en Irak y que podría contar con el apoyo del régimen islámico de Teherán para llevar a cabo su proyecto. Existían razones objetivas para ello ya que Irán prestaba apoyo moral y material a la oposición shií, especialmente al Partido Dawa. Además, el discurso de Jomeini rechazaba los conceptos de estado territorial o nacional y de laicismo, pues la legitimidad de los gobiernos musulmanes derivaba de su adscripción y respeto a los principios islámicos. Ese discurso contenía también «un ingrediente específicamente anti-Baaz [...] motivado no simplemente por la hostilidad al laicismo declarado de Irak, [sino que] procedía por una parte del conocimiento y preocupación de Jomeini por los shiíes iraquíes y las ciudades santas de Najaf y Kerbala; y, por otra, de una antipatía personal hacia Sadam Husein que le había expulsado de Irak después de un exilio de catorce años a instancias del Sha» (King y Karsh, 1988).

2. Una victoria sobre Irán convertiría a Irak en el Estado más fuerte del Golfo y en el gendarme de la región, y a Sadam Husein en el líder más importante del mundo árabe.

3. El presidente iraquí estaba convencido que el desorden y el caos que imperaban en Irán hacían del régimen de Jomeini una víctima propiciatoria y facilitarían la victoria a Irak, ya que el ejército iraní apenas ofrecería resistencia, mientras que el iraquí se había equipado con armamento moderno y sofisticado. Y, sin duda, en los primeros años del conflicto los efectivos militares iraquíes superaban a los iraníes. Pero Sadam Husein, que dirigió personalmente la guerra desoyendo los consejos de los militares profesionales, no supo aprovechar la ventaja inicial.

44

EFECTIVOS MILITARES				
	IRAK		IRÁN	
	Sep. 1980	Sep. 1985	Sep. 1980	Sep. 1985
Armamento				
Carros de combate	2.750	2.900	1.735	1.000
Otros vehículos blindados	2.500	3.000	2.250	1.060
Unidades de artillería	800	3.500	1.000	1.000
Aviones de combate	332	500	445	80
Helicópteros	276	270	720	350
Formaciones				
Divisiones blindadas	4	6	3	—
Divisiones de infantería	4	11	3	9
Divisiones mecanizadas	4	6	—	3
Brigadas independientes	3	9	4	sin datos
Efectivos en hombres (miles)				
Ejército regular	200	475	150	250
Fuerzas irregulares	75	650	75	250
Reservas	250	75	40	350

Fuente: King y Karsh (1988, p.132).

Cometió el error de subestimar la fuerza del patriotismo y del fervor islámico que la revolución iraní había engendrado: las tres vertientes de la confrontación —que enfrentaba a árabes y persas, a suníes y shiíes y a partidarios del laicismo, el socialismo y el arabismo con islamistas— alimentaba y daba fuerza al sentimiento patriótico de los combatientes islámicos iraníes. Por el contrario, el desánimo cundió muchas veces entre las tropas iraquíes y los desertores, sin excesivas distinciones en su adscripción religiosa o étnica, llegaron a contarse por decenas de miles.

4. Los requisitos formales que exigió el mismo Sadam Husein para firmar la paz sólo seis días después de iniciarse la guerra: el reconocimiento iraní de los derechos territoriales de Irak sobre Shatt el Arab y, por lo tanto, la revisión del Acuerdo de Argel de 1975; el cese del apoyo iraní a las oposiciones kurda y shií al régimen iraquí y el fin de la injerencia de Irán en los asuntos internos de Irak; un compromiso de buena vecindad y, como prueba del mismo, la devolución de las tres islas del Golfo tomadas por Irán en 1971, es decir, las islas Tunbs y Abu Musa.

5. Aunque nunca llegó a plantearse de manera explícita, a nadie se le escapa que una de las consecuencias más importantes de una victoria de Irak sobre Irán sería la imposición en Teherán de un régimen tutelado por Bagdad. Esto permitiría a Sadam Husein controlar en torno al 20 % del total de las reservas mundiales de petróleo conocidas, lo que suponía ponerse casi a la altura de Arabia Saudí. Además, en 1978, un año antes de la revolución iraní, Irán e Irak habían sumado entre los dos un poco más del 11 % de la producción mundial de petróleo y, lo que es más importante, más del 23 % del petróleo producido por los países miembros de la Organización de Países Exportadores de Petróleo (OPEP). Así, en el futuro, con un Irán

en la órbita iraquí y la ayuda de otros regímenes socialistas árabes, como los de Argelia o Libia, Bagdad podría aspirar a desplazar a los saudíes del liderazgo de la OPEP e imponer unas cuotas de producción, y, por ende, unos precios, más acordes con los intereses de la economía iraquí.

6. Sadam Husein tenía motivos para sospechar que una guerra contra Irán le granjearía la simpatía y el apoyo de casi todo el mundo. De hecho, la expansión de la revolución iraní no interesaba a nadie. Por supuesto no interesaba al propio Sadam Husein, que bastantes problemas tenía con la población shií del sur del país sometida durante siglos a la exclusión política, la represión y la sospecha (interesadamente se asimilaba shií a persa o iraní y, por lo tanto, a traidor potencial de la patria árabe o iraquí). No interesaba a Estados Unidos ni a los países occidentales que, con la desaparición del régimen del sha, habían perdido a su principal puntal en el Golfo, sustituido ahora por una teocracia colectiva que no parecía dispuesta a respetar las convenciones internacionales, lo cual fue demostrado con la toma de diplomáticos como rehenes en la embajada de Estados Unidos (noviembre de 1979-enero de 1981). No interesaba a la URSS, que veía un grave peligro de contaminación en las repúblicas musulmanas de Asia central. Y, sobre todo, no interesaba a Arabia Saudí ni a las monarquías conservadoras de la península Arábiga.

Con el triunfo de la revolución de Jomeini empezó su andadura La Voz de Teherán Libre, una emisora de radio que, desde el primer momento, criticó duramente al régimen corrupto de los Saud (la familia reinante en Arabia Saudí) y su connivencia con Estados Unidos, representada por la Arabian American Oil Company. En noviembre de 1979, la toma de la Gran Mezquita de La Meca y la rebelión shií en la ciudad petrolera de Qatif, en la región de Hasa, dispararon las alarmas y, «para garantizar una victoria suní sobre las fuerzas del ayatolá, Arabia Saudí y Kuwait comenzaron a financiar al líder suní iraquí Sadam Husein, ofreciéndole, según se dijo, 38.000 millones de dólares» (Cave, 2001).

El 21 de septiembre de 1980, tras denunciar el Acuerdo de Argel de 1975, el ejército iraquí lanzaba una amplia ofensiva contra Irán paralela a la línea imaginaria que une las ciudades iraníes de Qasr-e-Shirin al norte, Khorramabad en el centro y Abadán en el sur. Había dado comienzo la primera guerra del Golfo destinada a convertirse, con centenares de miles de muertos, en la más sangrienta de la segunda mitad del siglo XX, pues la victoria rápida que había previsto Sadam Husein no llegó.

La ofensiva iraquí de septiembre de 1980, gracias al factor sorpresa inicial, consiguió ocupar las ciudades iraníes de Qasr-e-Shirin, Mehrán y Bostan. En octubre, las tropas iraquíes cercaron Khorramshahr, que fue tomada el día 6, y Abadán, que resistió el asedio aunque su refinería fue destruida. De octubre de 1980 a mayo 1981, el ejército iraní consiguió frenar la ofensiva iraquí y estabilizar el frente. Se iniciaron entonces diversas ofensivas iraníes, entre mayo de 1981 y octubre de 1982, basadas en la superioridad numérica y la capacidad de sacrificio de los *pasdarans* (Guardianes de la Revolución, una fuerza de choque formada por seguidores de Jomeini). Las fuerzas iraníes consiguieron reconquistar Bostan y Khorramshahr, hacer retroceder al ejército iraquí y penetrar en Irak. En cambio, todas las ofensivas iraníes que tuvieron lugar entre febrero de 1983 y octubre de 1984 —en febrero de 1984 tuvo lugar la primera «guerra de las ciudades», es decir, bombardeos mutuos de ciudades importantes para minar la moral de la población civil— se saldaron con fracasos o avances mínimos en territorio iraquí, excepto en la franja fronteriza del Kurdistán iraquí donde contaron con la simpatía y, a menudo, el apoyo del Partido Democrático del Kurdistán (PDK). Aun así, se demostró que la iniciativa terrestre correspondía a Irán, que el espectacular avance pronosticado por Sadam Husein no se produciría nunca y que la economía iraquí padecería las consecuencias de una guerra larga. Los primeros efectos negativos de la guerra sobre la economía iraquí aparecieron en abril de 1982 cuando Siria, que apoyaba a Irán, cerró el oleoducto iraquí que cruzaba por su territorio, lo cual provocó una disminución de las rentas petroleras de Irak.

En febrero de 1984 dio comienzo la denominada «guerra de los petroleros», que fue el intento desesperado de Irak de internacionalizar la guerra bombardeando petroleros de diversas banderas. Desde el inicio del conflicto, los buques que navegaban por el Golfo con la intención de cargar crudo iraní o iraquí habían sufrido 23 ataques iraquíes y 5 iraníes, pero, entre febrero y diciembre de 1984, se produjeron 37 ataques iraquíes y 17 iraníes. Bagdad buscaba una respuesta desproporcionada de Teherán que le llevara a cerrar el estrecho de Ormuz, y así forzar la intervención de los países occidentales ante la falta de petróleo. Una consecuencia indirecta de la «guerra de los petroleros» fue el restablecimiento formal, en noviembre de 1984, de las relaciones diplomáticas entre Irak y Estados Unidos. De hecho, el trato entre ambos países había cambiado sustancialmente con la llegada a la presidencia de Ronald Reagan, quien, «temiendo un incremento de la influencia soviética en Irán y la posible extensión del control iraní a toda la zona [...], empezó a armar y a apoyar activamente a Sadam Husein. En 1982 se eliminó a Irak de los países que financiaban el terrorismo [y, en 1984, Washington] ya compartía servicios de espionaje militar con el ejército de Sadam. Entre la ayuda ofrecida estaba la entrega de armas de gran alcance destructivo, la cesión de imágenes obtenidas por satélite del despliegue de tropas iraníes y la colaboración en la planificación táctica de batallas, en los ataques aéreos y en la evaluación de daños tras las campañas de bombardeo» (Rivers Pitt, 2002).

A partir de principios de 1985 se produjeron varias ofensivas y contraofensivas de escasa entidad por ambos lados que, sin embargo, tuvieron dos importantes repercusiones:

1. La ofensiva de Irán de marzo de 1985 causó un elevado número de víctimas al ejército iraquí y consiguió cortar momentáneamente la carretera que une Bagdad con Basora, lo que hizo sonar todas las alarmas en Irak y Sadam Husein decidió frenar el avance del ejército iraní bombardeándolo con armas químicas. Después inició la segunda «guerra de las ciudades», que duró hasta finales de junio. Irak bombardeó de forma intensiva 30 ciudades iraníes, entre ellas Teherán, Tabriz, Ishafan y Busherh, en las que causó miles de muertes. Es posible que en algunos de estos ataques también se utilizaran armas químicas. Irán respondió con el bombardeo de diversas ciudades iraquíes.

2. Entre agosto y diciembre de 1985, Irak realizó casi setenta ataques aéreos contra el complejo industrial de la isla de Kharg, el principal centro de exportación marítima del petróleo iraní. Esta ofensiva fue posible gracias a los

cinco aviones Super Entendard de largo alcance, equipados con misiles Exocet, suministrados por Francia. La economía iraní resultó gravemente afectada.

El 9 de febrero de 1986, Irán lanzó una doble ofensiva: atacó Basora, en una maniobra de distracción, y la península y el puerto iraquíes de Fao en Shatt el Arab, que conquistó en menos de 24 horas. Poco después, el 25 de febrero, tras una importante incursión en el Kurdistán iraquí, las tropas iraníes llegaron cerca de Suleimaniya. El pánico se apoderó de Irak y también de las monarquías conservadoras del Golfo: tras la conquista de Fao, Kuwait tenía las tropas iraníes en su frontera. En mayo, el ejército iraquí volvía a conquistar Mehrán —ya lo había hecho al principio de la guerra— y ofreció intercambiarlo por Fao. Irán no aceptó y en julio reconquistó Mehrán. Los dirigentes de Teherán hablaban entonces de asestar el «golpe definitivo al régimen iraquí», que reaccionó de nuevo con un gran ataque aéreo contra el complejo petrolero de la isla de Kharg, contra petroleros que se dirigían o procedían de Irán y contra ciudades iraníes como Teherán, Isfasahán y Kermanshah. Esta segunda «guerra de los petroleros» alcanzó su punto culminante en agosto de 1986, cuando varios aviones iraquíes, probablemente Mirage F-1, bombardearon los campos petrolíferos de las islas iraníes de Lavan y Sirri, esta última casi en la embocadura del estrecho de Ormuz. Con esto la aviación iraquí demostró que ningún objetivo estratégico iraní quedaba fuera de su alcance.

La creciente inseguridad de los petroleros que circulaban por el Golfo terminó por afectar también a los que se dirigían o procedían de otros países como Kuwait, que pidió expresamente ayuda a sus aliados. En consecuencia se incrementó la presencia de buques de guerra estadounidenses y, en menor medida, de otros países occidentales como Francia y el Reino Unido, con el propósito de disuadir a Irán de atacar a los petroleros. Así, Washington se decantaba claramente por Irak y, a partir de entonces y durante el resto del conflicto, «los buques de guerra estadounidenses llevaron a cabo frecuentes ataques contra barcos e instalaciones petroleras iraníes, en estrecha colaboración con Irak» (Farouk-Sluglett y Sluglett, 2001). Al mismo tiempo, la URSS incrementó la ayuda a Irak en un 46 % respecto al año anterior y la fijó en 1.200 millones de dólares para 1987, mientras que Bagdad y Washington firmaron un acuerdo económico y tecnológico para cinco años que también preveía ayuda en alimentos equivalente a 1.000 millones de dólares. «Estados Unidos y muchos otros países occidentales abastecieron en secreto a Irak a través de terceros países de armas sofisticadas y medios para la fabricación de armas químicas y biológicas (Alemania), o hicieron lo posible por otras vías para que Irak las comprara directamente o bien mediante terceros países» (Farouk-Sluglett y Sluglett, 2001).

Irak era sospechoso de haber utilizado armas químicas o biológicas desde marzo de 1986, pero al fin un informe de la ONU, basado en las inspecciones sobre el terreno efectuadas por dos misiones de la organización, consideró probado que el ejército iraquí había atacado con armas químicas las posiciones iraníes en la región de Abadán. También «el gobierno de Reagan tenía pleno conocimiento de que Irak estaba empleando armas químicas contra Irán, lo cual no provocó la interrupción de la ayuda que prestaba Estados Unidos. El presidente Reagan, el vicepresidente Bush y varios importantes asesores de la defensa nacional apoyaron un programa secreto para proporcionar ayuda militar a Irak, a pesar de saber que este país estaba empleando armamento químico en el campo de batalla» (Rivers Pitt, 2002). En los últimos años de la guerra, el apoyo de Estados Unidos a Irak llegó a ser tan incondicional que no se alteró ni cuando, en mayo de 1987, la aviación iraquí atacó la fragata estadounidense *Stark* y causó la muerte de 37 tripulantes. Washington habló del hecho como de un lamentable error iraquí y, sorprendentemente, responsabilizó del ataque a Irán.

En 1987, tras la que podríamos denominar tercera «guerra de las ciudades» que acompañó a la ofensiva iraní contra Basora —que tuvo lugar entre enero y febrero de ese año—, la guerra entró en su fase final. El gobierno de Teherán descubrió que su apuesta por una tercera vía, «ni con el Este ni con el Oeste», se había convertido, en realidad, en una posición «contra el Este y contra el Oeste», puesto que ambos apoyaban de forma activa a Irak, poseedor de la detallada información proporcionada por los satélites sobre los movimientos de las tropas iraníes, lo que hacía imposible cualquier ofensiva iraní a gran escala. Por el contrario, Irak tomó la iniciativa en el Kurdistán, donde había perdido el control efectivo de la zona fronteriza con Irán en 1983. En marzo de 1987, Sadam Husein nombró a un primo suyo, Ali Hassan al Majid, comandante supremo del Ejército del Norte. Éste inició una intensa campaña de represión contra la población kurda que enseguida derivó hacia un verdadero genocidio.

En 1983 el Partido Democrático Kurdo (PDK) había apoyado a las fuerzas iraníes en sus operaciones en el Kurdistán iraquí. «En revancha y como ejemplo para otros que hubieran pensado colaborar con Irán, las fuerzas de seguridad iraquíes reunieron a unos ocho mil hombres y jóvenes del clan de Barzani y los mataron a casi todos» (Tripp, 2002), lo cual no hizo más que reforzar la connivencia entre el PDK y Teherán. Por el contrario, Sadam Husein intentó granjearse la confianza de Yalal Talabani, líder de la Unión Patriótica del Kurdistán (UPK), que pretendía disputarle la hegemonía política del Movimiento Nacional Kurdo al partido de Barzani, con la promesa de renegociar una amplia autonomía para el Kurdistán. Pero en 1985 estaba claro que Sadam Husein nunca accedería a las peticiones de Yalal Talabani de un control kurdo de los campos petrolíferos de Kirkuk, las fuerzas de seguridad que operaran en el Kurdistán y la financiación de la autonomía. Fue entonces cuando Yalal Talabani decidió entrar en contacto también con los dirigentes de Teherán. Éstos lograron unir momentáneamente a los dos rivales y organizar una informal división militar de kurdos iraquíes que, a mediados de 1986, había conquistado importantes áreas del Kurdistán donde la cooperación entre el PDK y la UPK dio lugar a una autonomía de facto. A finales de 1986, en el Kurdistán iraquí, las fuerzas gubernamentales sólo controlaban los principales pueblos y ciudades, los oleoductos y las grandes rutas que unían los centros de población más importantes.

Sin embargo, el nombramiento de Ali Hassan al Majid supuso un duro cambio en la situación del Kurdistán iraquí. En aquel tiempo, Sadam Husein estaba convencido del agotamiento y la incapacidad de reacción de Irán tras el fracaso de las últimas ofensivas que había intentado su ejército. Además, se sabía definitivamente respaldado por la comunidad internacional en lo que se presentaba ya como una guerra contra la intolerancia religiosa y el fanatismo de los dirigentes de Teherán. Entonces, confiando en que la mediación de la ONU pronto iba a poner punto final al conflicto, como en efecto sucedió, dejó las manos libres a Ali Hassan al Majid para que llevara a cabo una terrible y cruenta guerra sucia contra la población y la guerrilla kurda. Así, en abril de 1987, el pueblo kurdo de Skaykh Wisan fue bombardeado con armas químicas y los supervivientes, eliminados. Eran los prolegómenos de la operación Al Anfal, denominada así por la octava sura del Corán, que celebra la victoria musulmana en la batalla de Badr y autoriza el pillaje de los bienes de los infieles, de ahí que también se le haya dado la acepción de *botín de guerra*. Dicha operación consistió en una política de genocidio y tierra quemada: se destruían sistemáticamente las viviendas y las localidades kurdas, se bombardeaban los pueblos con armas químicas, la población era eliminada allí mismo o deportada y después asesinada en otro lugar, se sellaban los pozos de agua con hormigón o se contaminaban con productos venenosos, etcétera. En palabras del propio Ali Hassan al Majid, «cuando hayamos terminado con las deportaciones, empezaremos a atacarlos [a los combatientes de las guerrillas kurdas] por todas partes [...]. Entonces los cercaremos en pequeñas bolsas y los atacaremos con armas químicas. No los atacaré con armas químicas sólo un día, sino que lo haré durante quince días [...]. ¡Los voy a matar con armas químicas! ¿Quién se atreverá a decir algo? ¿La comunidad internacional?» (citado por Nezan, 1998).

En la primavera de 1988, el ejército iraní lanzó, conjuntamente con las milicias del PDK y la UPK, una ofensiva en el Kurdistán iraquí, y, el 15 de marzo, consiguió conquistar la ciudad de Halabja. La respuesta no se hizo esperar: al día siguiente, la fuerza aérea iraquí bombardeó la ciudad con gas venenoso y causó 5.000 muertos. Decenas de miles de kurdos se vieron obligados a huir hacia Irán y Turquía. Entre febrero y septiembre de 1988, que fue cuando se puso fin a la operación Al Anfal y se concedió una amnistía de la que fueron excluidos Yalal Talabani y los militantes de la UPK, los bombardeos de poblaciones kurdas con armas químicas se repitieron en diversas ocasiones y se calcula que a lo largo de la operación fueron destruidas 3.839 localidades kurdas, eso es, el 80 % del total.* Por lo que se refiere al número de víctimas, es imposible dar una cifra con precisión, pues muchas murieron asesinadas después de ser trasladadas forzosamente lejos de su lugar de origen. Las estimaciones oscilan entre unas decenas de miles y 150.000 o 180.000 personas asesinadas por las tropas iraquíes o muertas en los bombardeos. También el número de exiliados es importante: unas cien mil personas abandonaron el Kurdistán iraquí a través de la frontera de Irán, y unas sesenta mil más lo hicieron hacia Turquía (Farouk-Sluglett y Sluglett, 2001 y Tripp, 2002). La utilización de «armamento químico contra los kurdos en Halabja [...] mereció una condena rotunda por parte de los mandos militares norteamericanos. Sin embargo, esos mismos mandos sabían que Sadam había empleado armas químicas contra Irán y siguieron prestándole su apoyo. El uso de este tipo de armamento en el campo de batalla, así como su supuesto uso contra los kurdos, es una parte fundamental del discurso que George W. Bush hace para defender un ataque contra Irak y la expulsión de Sadam Husein del poder» (Rivers Pitt, 2002).

---

* Kendal Nezan (1998), citando un estudio del Ministerio de la Reconstrucción y el Desarrollo del gobierno kurdo, señala que sólo en las demarcaciones de Arbil, Dohuk y Suleimaniya fueron destruidas 4.049 localidades, mientras que 673 fueron preservadas. El estudio no incluye la provincia de Kirkuk, donde varios centenares de localidades fueron igualmente destruidas.

ATAQUES IRAQUÍES CON ARMAS QUÍMICAS DOCUMENTADOS, SEGÚN EL DEPARTAMENTO DE ESTADO DE ESTADOS UNIDOS			
Fecha	**Lugar**	**Agente**	**Número de muertos**
Agosto 1983	Haij Umran	gas mostaza	menos de 100
Octubre-noviembre 1984	Panjwin	gas mostaza	3.000
Febrero-marzo 1984	Isla de Majnoon	gas mostaza	2.500
Marzo 1984	Basora	gas tabún	menos de 100
Marzo 1985	Marisma de Hawizah	gas mostaza, gas tabún	3.000
Febrero 1986	Fao	gas mostaza, gas tabún	8.000-10.000
Diciembre 1986	Umm ar Rasas	gas mostaza	más de 1.000
Abril 1987	Basora	gas mostaza, gas tabún	5.000
Octubre 1987	Sumar, Mehrán	gas mostaza, agentes neurotóxicos	3.000
Marzo 1988	Halabja	gas mostaza, agentes neurotóxicos	5.000

Fuente: *Iraq. Del miedo a la libertad* (2002).

Mientras en el Kurdistán iraquí se desarrollaba la operación Al Anfal, el curso de la guerra había cambiado bastante y, de hecho, tocaba a su fin. El 20 de julio de 1987, el Consejo de Seguridad de la ONU había aprobado la resolución 598, que hacía una llamada al alto el fuego, al regreso a las fronteras de 1980, al intercambio de prisioneros y a la creación de una comisión de encuesta para establecer quién era responsable del inicio del conflicto y a quién correspondían las responsabilidades que pudieran derivarse. Irak aceptó inmediatamente. No así Irán. Sin embargo, el tiempo y los acontecimientos jugaban a favor de Bagdad.

En la primavera de 1988, la fuerza aérea iraquí volvió a utilizar las armas químicas para recuperar Fao y Mehrán. La reconquista de la península de Fao se realizó con la ayuda de los «servicios de espionaje norteamericanos [y la toma de la ciudad y el puerto] devolvió al país una salida al golfo Pérsico. Oficiales del servicio de inteligencia de Estados Unidos visitaron los campos de batalla y constataron que algunas zonas estaban contaminadas por el uso de armas químicas». Pero no hubo ninguna protesta formal.

Por otra parte, la campaña contra las instalaciones petroleras iraníes afectaba de forma muy negativa a la economía del país, falto de repuestos de armamento, y la desmoralización entre los dirigentes de Teherán era cada vez más patente. A principios de julio, un avión iraní con más de trescientos pasajeros que viajaba hacia los Emiratos Árabes Unidos fue abatido por el crucero estadounidense *Vincennes*. Pocos días después, el 18 de julio, Jomeini anunció que aceptaba la resolución 598 de la ONU. El 20 de agosto entraba en vigor el alto el fuego. La guerra había terminado.

El final de la guerra supuso un victoria internacional para Sadam Husein. Por supuesto, no había conseguido la mayor parte de los objetivos iniciales que, recordemos, eran acabar con la oposición de los líderes religiosos y de la población shií al régimen laico, totalitario y excluyente del Partido Baaz; disponer del ejército más poderoso de la región; convertirse en el líder árabe más importante del Golfo y en gendarme de la zona; conseguir la revisión del Acuerdo de Argel y el reconocimiento iraní de los derechos territoriales iraquíes sobre Shatt el Arab; controlar e imponer sus condiciones en el mercado del petróleo, y revalorizar su papel en la escena internacional en el mundo de la posguerra fría que empezaba a intuirse al compás de las reformas de Gorbachov. Tampoco se había cumplido su previsión de una guerra rápida, ya que el régimen de Jomeini no se desmoronó en unas pocas semanas o meses. Por el contrario, el nacionalismo iraní salía más fortalecido que nunca y los nuevos dirigentes de Teherán se habían afianzado en el poder.

No obstante, sí consiguió otros objetivos no menos importantes. La guerra había robustecido la hegemonía del Partido Baaz y, sobre todo, de Sadam Husein que se convirtió en «el Rais (presidente) combatiente». El conflicto fue el gran pretexto para llevar a cabo nuevas depuraciones —sólo en la primera fase, entre 1982 y 1983, fueron ejecutados más de tres mil civiles— y un culto a la personalidad que consolidaron el poder absoluto de Sadam Husein. La guerra, junto a las nuevas purgas de dirigentes religiosos shiíes en 1983 y 1985, cohesionó, en apariencia, una identidad iraquí siempre discutida por la oposición shií y el nacionalismo kurdo, este último difícil de integrar en cualquier proyecto nacional, tanto iraquí como iraní. En este proceso cabe señalar la evolución del

Partido Baaz, que terminó por supeditar el panarabismo militante del programa inicial a los intereses de un nacionalismo iraquí convertido en el eje definidor y aglutinador del partido bajo la égida de Sadam Husein. Éste proclamó, en 1979, que sin un Irak fuerte no había una nación árabe fuerte, y, en 1982, incluso expresó públicamente sus dudas sobre la necesidad de la unificación política del mundo árabe y afirmó que, en caso de producirse, los distintos estados árabes deberían conservar su propia identidad. En diciembre de 1984, pocos días después del restablecimiento de las relaciones diplomáticas con Estados Unidos, Tarek Aziz, ministro de Asuntos Exteriores y hombre de confianza de Sadam Husein, fue mucho más lejos y llegó a definir, en una entrevista, una modificación sustancial de la posición iraquí sobre el conflicto árabe-israelí: Irak daría su apoyo a «cualquier acuerdo de paz duradera, justa y honorable entre los estados árabes e Israel [...]; Irak no se considera a sí mismo una parte directamente implicada en el conflicto porque Israel no ocupa suelo iraquí». Habría sido difícil pedir más a uno de los integrantes del Frente de Rechazo, que mantenía a Egipto expulsado de la Liga Árabe por haber firmado con Israel los Acuerdos de Camp David y haber procedido al intercambio de embajadores.

Sin duda Sadam Husein había mostrado una gran capacidad para jugar sus propias cartas en los cambios internacionales que había introducido la revolución iraní a partir de 1979. En efecto, a finales de los setenta, Estados Unidos observaba con preocupación los acontecimientos de Irán, que, hasta entonces, había sido un aliado fiel en la difícil región del Golfo. También Arabia Saudí y las monarquías conservadoras del Golfo miraban con inquietud la revolución iraní, que se mostraba dispuesta a exportar los principios de la revolución islámica —aplicación de la *sharia* o ley islámica y de los preceptos coránicos a todos los ámbitos de la vida política y cotidiana— por todo el mundo musulmán y criticaba y condenaba abiertamente a las «monarquías reaccionarias» del Golfo. En especial, condenaba a la familia Saud, que custodiaba indebidamente los lugares santos del islam, ya que vivía atrapada en una profunda contradicción entre fe, legislación —aparentemente adecuada a la *sharia*— y una realidad de nepotismo, lujo, placeres prohibidos, alianza con estados infieles como Estados Unidos y ostentación de riqueza sin atender las necesidades de los países musulmanes pobres ni de los inmigrantes musulmanes. Moscú también estaba intranquilo a causa del discurso de los dirigentes de la nueva república islámica, que reprobaba tanto el capitalismo como el comunismo, pues podía acabar por contaminar y desestabilizar las repúblicas musulmanas soviéticas del Asia central, donde, además, el islam popular —no oficial— había sido sometido a una intensa persecución y represión desde los años treinta.

Para Sadam Husein, este contexto era la mejor ocasión de convertirse en la nueva pieza indispensable para frenar la expansión de la revolución iraní y garantizar la seguridad y la estabilidad del Golfo. No costó mucho aunar esfuerzos y voluntades: Irak puso los soldados (un ejército de campesinos y la Guardia Republicana, las tropas de élite y de confianza de Sadam Husein, núcleo duro del ejército iraquí que no respondía a la cadena de mando sino directamente al presidente); las monarquías del Golfo pusieron la financiación; los países de la Comunidad Económica Europea, el armamento moderno, además de los componentes básicos para la fabricación de armas químicas y biológicas; Estados Unidos, armas, asesoramiento militar y apoyo logístico, que incluía la información obtenida por sus satélites sobre los movimientos de las tropas iraníes, y, finalmente, la URSS, suministró a Irak los recambios y las armas convencionales que necesitaba, mientras se encogía de hombros, miraba hacia otro lado y se concentraba en la guerra de Afganistán. Además, Egipto, Jordania, Arabia Saudí, Kuwait y otros países árabes proporcionaron armas a Irak, le ayudaron a vencer el embargo decretado a los países beligerantes, con cobertura para comprar armas utilizando sus certificados de usuario final, y le permitieron utilizar sus puertos. Arabia Saudí también puso a su disposición los informes sobre los movimientos de las tropas iraníes facilitados por los aviones de reconocimiento AWAC que tenía arrendados a Estados Unidos.

En conclusión, Sadam Husein se benefició de la inhibición de la URSS y el apoyo occidental y de gran parte del mundo árabe (Arabia Saudí, Kuwait, Bahrein, Qatar, Omán, los Emiratos Árabes Unidos, Egipto, Jordania, Sudán, Túnez y Marruecos). Irak llegó a contar con 29 países que le suministraban armas y con otros nueve que hicieron de intermediarios para conseguirlas. Paradójicamente, éstos forman casi el mismo grupo de países que integraron la coalición internacional contra Irak tras la invasión de Kuwait en agosto de 1990. En cambio, Irán sólo consiguió el apoyo de Libia y, dadas las irreconciliables disputas entre los dos partidos Baaz en el poder, de Siria y, por extensión, del Líbano. Por motivos muy distintos, Israel vendió aviones F-4 y repuestos a Irán al principio de la guerra y, más tarde, equipos militares de origen estadounidense por valor de 100 millones de dólares. Estados Unidos demostraba así su capacidad de suministrar armas a los dos contendientes a la vez, ya que las ventas israelíes precisaban del visto bueno de Washington. Los países de la Liga Árabe no mencionados (los dos Yemen, Mauritania, Argelia, Yibuti y Somalia) se mantuvieron neutrales o no manifestaron sus simpatías por ninguno de los dos países en conflicto.

La posición de Estados Unidos y de otros países occidentales requiere, sin embargo, algunos matices sin los cuales es difícil entender la obsesión de Sadam Husein por una supuesta conspiración de Estados Unidos e Israel tras la guerra contra Irán. En primer lugar, es cierto que Washington, y muy especialmente el vicepresidente y luego presidente George Bush, concedieron créditos para adquirir alimentos que luego se desviaban a la compra de armas o para adquirir armas directamente. Lo mismo hicieron los británicos siguiendo la estela de la Casa Blanca. En algunos momentos los créditos sin garantía llegaron a superar los 4.000 millones de dólares.

En segundo lugar, Estados Unidos, el Reino Unido y Francia no dejaron de suministrar armamento de gran potencia —como un nuevo reactor nuclear, aviones, tanques y artillería autopropulsada de origen francés que en 1983 se destinaría a la recién creada Guardia Republicana— y material de penúltima generación durante toda la guerra: desde fábricas que se convirtieron en una tapadera para adquirir los componentes necesarios en la producción de armas no convencionales, hasta computadoras, hongos para plantas biológicas, productos e ingenios de uso dual, dispositivos para bombas, osciloscopios para radar, etcétera. Lo mismo hizo la URSS a través de países interpuestos como Egipto. Como señala Aburish (2001) en su comentario de la lista de empresas que recibieron licencia de Estados Unidos para exportar a Irak equipos de uso dual, éstos se usaron en diversas áreas: «Modificación de misi-

les Scud, elaboración de explosivos y carburantes para cohetes, el programa nuclear, manufacturación de armas químicas y biológicas, construcción de misiles balísticos, fabricación de repuestos para tanques y la construcción del
supercañón [...].* Incluso la venta de cepas de ántrax, cólera, tifo y botulismo estaba cubierta por este sistema».

Por último, y a diferencia de Sadam Husein, ni Washington, ni Londres, ni posiblemente tampoco otros países implicados, tanto occidentales (quizá con la excepción
de Francia) como árabes, ni por supuesto de Irán, estaban
interesados en una victoria rápida de Sadam Husein. El objetivo de la guerra era la guerra misma, porque, como
afirmó sin recato el vicepresidente Bush, una victoria rápida de Irak o de Irán comportaría una alteración del
equilibrio del poder en las regiones del Golfo y del Oriente Medio que podría resultar perjudicial para Israel y para
Estados Unidos y los países occidentales. En otras palabras, interesaba la victoria de Irak, de ahí la enorme ayuda que recibió, pero, sobre todo, una guerra de larga du-
ración que pudiera cumplir varios objetivos a la vez: la
contención de la revolución iraní, los beneficios —o las
deudas contraídas— derivados de la venta de armamento
y el desgaste máximo de los dos principales países del
Golfo.

El precio de la guerra fue muy elevado para el pueblo y
la economía iraquíes; también para los iraníes. Los efectivos armados y las tropas movilizadas fueron muy nume-

* En un momento u otro, varias empresas de Estados Unidos, Reino Unido, Grecia, Países Bajos, Suiza, Italia, España y Turquía se vieron implicadas en la venta de diversos componentes destinados a la
construcción del supercañón, que podría alcanzar grandes distancias e
incluso se sospechó que podría llegar con sus proyectiles a Israel.

rosos, igual que las pérdidas. El cálculo de las víctimas oscila entre los 100.000 y los 250.000 muertos iraquíes (en el segundo caso se incluyen las víctimas de la población kurda asesinada por el ejército de Irak) y unos 300.000 muertos para Irán. El número total de heridos de ambas nacionalidades se aproximaría a los 750.000. Otras estimaciones hablan de 105.000 muertos y 300.000 heridos sólo en Irak, lo que representaría un 3 % del total de su población, que era de unos dieciséis millones. Las pérdidas económicas se han estimado en 644.000 millones de dólares para Irán. La estimación para Irak es de 453.000 millones de dólares, que incluyen tanto las pérdidas en infraestructuras petroleras, industriales y de comunicaciones (67.000 millones de dólares) como la disminución del producto interior bruto (222.000 millones de dólares, de los cuales 198.000 corresponden a las pérdidas en rentas petroleras).

Los elevados costes de la guerra —entre 500 y 1.000 millones de dólares mensuales— contribuyeron a aumentar la deuda externa de Irak, que, al final del conflicto, se situaba entre los 80.000 y los 100.000 millones de dólares, distribuidos entre bancos de países occidentales (unos treinta y cinco mil millones), de la URSS (11 mil millones), de Arabia Saudí y de Kuwait (unos cuarenta mil millones) y de otros países árabes y antiguos países del Este. El servicio anual de la deuda equivalía al 80 % de las rentas petroleras y sólo el servicio de la deuda contraída con los países occidentales ascendía a 3.000 millones de dólares. Y todo ello en un momento en que el precio del petróleo era bajo —el descenso se había iniciado a mediados de los ochenta— por lo que las rentas del crudo fueron en 1988 de sólo 11.000 millones de dólares, menos de la mitad que en 1980. Todo ello se tradujo en una clara dismi-

EFECTIVOS DEL EJÉRCITO IRAQUÍ		
	1979-1980	1987-1988
Carros de combate	1.900	6.310
Vehículos de combate blindados	1.500	4.000
Aviones de combate	339	más de 500
Helicópteros	231	422
Efectivos humanos	190.000	aprox. 1.000.000

Fuente: Farouk-Sluglett y Sluglett (2001, p. 272).

nución del nivel de vida de la población iraquí, cuyo producto interior bruto por habitante cayó de los 6.272 dólares de 1980 a los 2.560 dólares de 1988. Es significativo que sólo los recursos militares aumentaran sin cesar, de modo que las existencias entre 1987 y 1988 eran muy superiores a las que había entre 1979 y 1980.

En los últimos años de la guerra, «Irak desarrolló una importante industria armamentística, que fabricaba productos como el misil superficie-superficie basado en el Scud soviético, mejorado con la asistencia egipcia y argentina [...]. Irak elaboraba armas químicas y misiles sofisticados, y no estaba lejos de adquirir los medios para producir armas nucleares [el 7 de junio de 1981 la aviación israelí destruyó parcialmente el reactor nuclear que Irak estaba construyendo, con ayuda y técnicos franceses, en Osirak; el 30 de octubre de 1980 lo habían intentado, sin conseguirlo, aviones F-4 iraníes]. Varias firmas de Europa occidental y de Estados Unidos proveían los elementos

esenciales para todo ello» (Farouk-Sluglett y Sluglett, 2001).
Entre 1985 y 1989, Irak gastó cerca de doce mil millones
de dólares en armas. Los principales países suministrado-
res fueron la URSS, por un valor de cerca de siete mil millones, y Francia, por un valor de algo más de dos mil millones,
entre otros países como Estados Unidos, cuya aportación
resulta más difícil de evaluar. Sadam Husein seguía empe-
ñado en hacer de Irak la principal potencia regional del
Golfo y para ello necesitaba un gran ejército pertrechado
con las armas más potentes y destructivas que tuviera a su
alcance. Toda una premonición del futuro inmediato.

LA INVASIÓN DE KUWAIT Y LA SEGUNDA
GUERRA DEL GOLFO

La guerra con Irán había dejado muy maltrecha a la economía iraquí: ciudades destruidas, infraestructuras e industrias destrozadas, una inflación galopante (el 45 % en 1990), rentas y precio del petróleo a la baja... Pero la obsesión de Sadam Husein era consolidarse en el poder e incrementar el dominio militar de Irak. Sólo así se explican su política de compra de armamento (en el ejercicio 1988-1989 se dedicaron 5.000 millones de dólares a este objetivo y sólo 2.500 millones a la reconstrucción de ciudades e infraestructuras), las purgas en el seno del partido y del ejército como medio de acelerar el restablecimiento de su propio control sobre el conjunto de las fuerzas armadas, y la promoción de familiares y miembros de su clan —o de clanes aliados— a los puestos clave de la cadena de mando del ejército y del Estado.

En 1988 Sadam Husein se encontró con un ejército de casi un millón de efectivos (al empezar la guerra apenas eran dos cientos mil) y con unos jefes y oficiales del ejército muy críticos en cuanto a lo mal que se había llevado la guerra y lo poco que se habían aprovechado las ventajas iniciales, lo cual había provocado desde 1981 (55 oficiales ejecutados ese año) diversas purgas entre los mandos del ejército. Estas críticas apuntaban veladamente a Sadam Husein que, en un afán de protagonismo desmesurado y megalómano, había impuesto sus criterios a los profesionales de la milicia.

El 5 de mayo de 1989 el ministro de Defensa Adnan Jairallah Tulfah, el general con más popularidad en el ejército —primo y cuñado de Sadam Husein, hermano de Sajida (la primera mujer de Sadam y madre de sus cinco hijos mayores) y yerno del antiguo presidente de la república Ahmad Hassan al Bakr—, murió en un accidente de helicóptero causado por una tormenta de arena. Cierto o no, nadie lo creyó. La muerte de Adnan Jairallah se convirtió en el paradigma de las purgas que se estaban produciendo en el seno del ejército; del creciente poder que ostentaba el hijo mayor de Sadam Husein, Uday, eje de la corrupción y la represión y guardián de la unidad familiar por la vía de eliminar a los disidentes, y de lo peligroso que era oponerse a Sadam Husein o, simplemente, tener unos niveles de popularidad que pudieran eclipsar los del «Rais combatiente». En ese caso, no estaban a salvo ni los miembros de la familia, que vivía dividida en fracciones irreconciliables que pugnaban por el poder y los favores de Sadam Husein.

Fue entonces, tras la guerra con Irán, cuando el poder personal de Sadam Husein se hizo más fuerte y se afianzó entre los círculos familiares más directos y algunos hombres de confianza. En la década de los años setenta se había utilizado a miembros de la comunidad de Takrit para llevar a cabo las purgas destinadas a desplazar, dentro del Partido Baaz y del ejército, a los dirigentes que no compartían o impedían el ascenso irresistible de Sadam Husein.

Familia y poder en el Irak de Sadam Husein

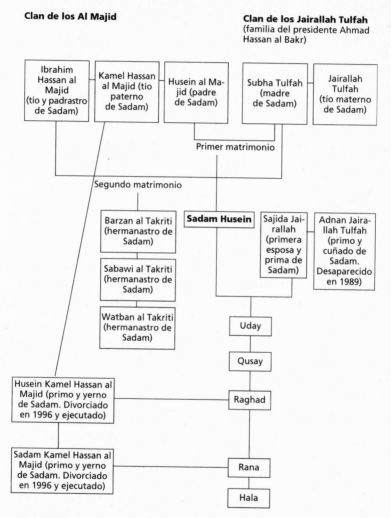

Clan de los Al Majid

Clan de los Jairallah Tulfah
(familia del presidente Ahmad Hassan al Bakr)

Ibrahim Hassan al Majid (tío y padrastro de Sadam)

Kamel Hassan al Majid (tío paterno de Sadam)

Husein al Majid (padre de Sadam)

Subha Tulfah (madre de Sadam)

Jairallah Tulfah (tío materno de Sadam)

Primer matrimonio

Segundo matrimonio

Barzan al Takriti (hermanastro de Sadam)

Sadam Husein

Sajida Jairallah (primera esposa y prima de Sadam)

Adnan Jairallah Tulfah (primo y cuñado de Sadam. Desaparecido en 1989)

Sabawi al Takriti (hermanastro de Sadam)

Watban al Takriti (hermanastro de Sadam)

Uday

Qusay

Husein Kamel Hassan al Majid (primo y yerno de Sadam. Divorciado en 1996 y ejecutado)

Raghad

Sadam Kamel Hassan al Majid (primo y yerno de Sadam. Divorciado en 1996 y ejecutado)

Rana

Hala

Fuente: Luizard (2002, p. 110).

En la década de los ochenta, tras la dimisión del presidente Ahmad Hassan al Bakr, la guerra contra Irán fue el telón de fondo para realizar nuevas depuraciones y promocionar a los primeros familiares de Sadam Husein. La década de los noventa fue la de la eclosión de los familiares de Sadam en los círculos de poder. De la dictadura de un partido dominado por Sadam Husein se había pasado a la dictadura personal, familiar y de clan.

En efecto, el poder de Sadam Husein hunde sus raíces en los clanes familiares (el clan Jairallah Tulfah por parte materna y Al Majid por parte paterna). Desde principios de los ochenta, tres círculos concéntricos se han disputado los favores del dictador: el círculo de los hijos, donde la preponderancia corresponde a Uday, el primogénito; el de los hermanastros, y el de los yernos y primos. Los dos primeros círculos forman parte del clan materno. Uday, casado primero con una hija de Barzan al Takriti, hermanastro de Sadam Husein, y después con una hija del vicepresidente Izzat Ibrahim al Duri, de quien también se divorció, acumula 29 cargos oficiales: entre otras cosas, controla la televisión y el contrabando de petróleo, dirige el periódico *Babilonia*, y en 1994 creó el cuerpo de los Fedayin de Sadam, una guardia pretoriana formada por jóvenes de Takrit. Se lo responsabiliza de varios crímenes y, en 1996, sufrió un atentado que lo dejó parcialmente paralizado. El segundo hijo de Sadam Husein, Qusay, dirige los principales servicios de seguridad y forma parte, desde 2001, de la dirección del Partido Baaz, donde se ocupa de la sección militar que le permite controlar el ejército.

Uno de los tres hermanastros de Sadam Husein, Watban al Takriti, fue gobernador de la provincia de Salah al Din, a la que pertenece Takrit, y ministro del Interior hasta 1995, cuando pasó a ser asesor del presidente. Otro hermanastro, Sabawi, fue vicedirector de la policía y jefe de la Seguridad tras la segunda guerra del Golfo, cargo que ocupó hasta 1995. Barzan, el mayor de los hermanastros, era jefe de información del Partido Baaz y uno de los peores torturadores del régimen. En 1991 representó a Irak ante la ONU, en Ginebra, donde intentó mostrar una imagen de demócrata y ejerció una semioposición encubierta al régimen de Sadam Husein. Sin embargo, continúa siendo oficialmente funcionario de Bagdad y uno de los asesores del presidente.

Las relaciones con el clan paterno sufrieron un vuelco espectacular tras la defección y huida a Jordania, en 1995, de los dos hermanos Al Majid, primos de Sadam Husein, casados con dos de sus hijas. Al año siguiente regresaron y fueron asesinados. Husein Kamel fue ministro de Industrialización Militar (1988-1991), a cargo de los programas militares y de desarrollar el programa de armas químicas; de Defensa (1991), y, a partir de 1992, de Industria y Minerales. Su hermano Sadam Kamel Hassan fue oficial de la Guardia Republicana y coronel de la brigada de misiles. Sólo Ali Hassan al Majid, también primo de Sadam Husein y como Adnan Jairallah yerno del antiguo presidente de la república Ahmad Hassan al Bakr, sobrevivió en el poder. Hombre de confianza de Sadam Husein —fue una de las pocas personas consultadas antes de tomar la decisión de invadir Kuwait—; con poca preparación intelectual y profesional —pasó directamente de suboficial a general antes de ser nombrado ministro de Defensa—, lo que siempre le ha valido el menosprecio de los altos mandos del ejército («los oficiales no ven en él más que un analfabeto y un impostor», Luizard, 2002), pero de una fidelidad fuera de dudas: se le acusa de haber preparado, junto con Husein Kamel, el «accidente» que costó la vida a su cuñado Adnan Jairallah. En 1996 fue él, en nombre del clan de los Al Majid, quien pidió que ajusticiaran a los hermanos Husein Kamel y Sadam Kamel Hassan al Majid para que él y el clan pudieran seguir participando del poder. Él mismo tomó parte directamente en los asesinatos. Miembro del Consejo de Mando de la Revolución (CMR) desde 1988, fue responsable de la operación Al Anfal que diezmó a la población kurda en 1988, lo cual le valió los sobrenombres de Carnicero de los kurdos y Ali el químico, desempeñó el cargo de gobernador militar de Kuwait entre agosto y noviembre de 1990, donde recibió un nuevo sobrenombre, Verdugo de Kuwait, pues fue durante su mandato cuando las fuerzas iraquíes realizaron los mayores desmanes en el emirato. Además, fue ministro del Interior en 1991, de Defensa entre 1991 y 1995 y consejero del presidente desde entonces.

Los círculos del poder en Irak se cierran con tres hombres que gozan de la confianza de Sadam Husein: Izzat Ibrahim al Duri, originario de una localidad cercana a Samarra, miembro y vicepresidente del CMR desde noviembre de 1969 y 1979, respectivamente; Taha Yasín Ramadán, nacido en Mosul, fundador del Ejército del Pueblo (una organización paramilitar del régimen), miembro del CMR desde noviembre de 1969, vicepresidente de la república desde 1991 y viceprimer ministro; Tarek Aziz, también procedente de la región de Mosul, cristiano caldeo,* miembro del CMR desde 1977 y viceprimer ministro desde 1979. Entre 1990 y 1991 era también ministro de Asuntos Exteriores y se presentaba como la versión amable del régimen. Estos tres hombres son los «camara-

* Se denomina caldeos a los asirios católicos que reconocen obediencia a Roma pero mantienen particularidades del rito oriental.

das» de Sadam Husein, puesto que todos ellos proceden del Partido Baaz. Sobrevivieron a las purgas de los setenta y fueron cómplices o callaron ante la más terrible de ellas, la de julio de 1979. Son los hombres de confianza de Sadam Husein y su carrera está íntimamente ligada a la suerte del mismo.

En resumen, en los pocos meses que separan el final de la guerra contra Irán y la invasión de Kuwait se consolidó la actual estructura de poder del régimen iraquí que, tras la desaparición de Adnan Jairallah Tulfah en 1989 y la eliminación de los hermanos Al Majid en 1996, se redujo a un núcleo de menos de una decena de personas: Uday y Qusay Husein, hijos de Sadam Husein; Barzan y Watban al Takriti, hermanastros; Ali Hassan al Majid, primo; Izzat Ibrahim al Duri, Taha Yasín Ramadán y Tarek Aziz, los viejos camaradas del presidente. Son el núcleo duro del poder y han estado junto a Sadam Husein desde que asumió la presidencia y el poder absoluto en Irak en 1979. En 1990, «el Consejo de Mando de la Revolución y el Partido Baaz aparecen como cáscaras vacías. Excepto Sadam Husein, los participantes históricos en el golpe de Estado de 1968 han desaparecido todos, y los "camaradas" (término empleado entre los militantes baazistas) han dejado el lugar a los hijos, primos y yernos... Nadie se deja engañar, pero Bagdad se esfuerza por mantener la ficción de un régimen baazista con sus instituciones revolucionarias para enmascarar la increíble regresión de la vida política oficial. Cualquier movimiento sospechoso es detectado gracias a una red muy ramificada que descansa sobre múltiples servicios de información que compiten entre sí [...]. Dividiendo al máximo todos los poderes, creando un clima de terror y de sospecha permanente, enfrentando los unos contra los otros [...], Sadam Husein ha

75

conseguido hacer de su persona, por muy odiada que sea, el punto de equilibrio de un estado a la deriva» (Luizard, 2002).

Este núcleo de poder tuvo que hacer frente, entre 1988 y 1990, a la grave situación por la que atravesaba la economía del país tras la guerra con Irán. La reconstrucción exigía un esfuerzo difícil de soportar con los 2.500 millones de dólares fijados para este concepto en el ejercicio 1988-1989. Además, esta suma incluía los gastos de construcción del nuevo palacio que haría las veces de residencia presidencial y las faraónicas obras de culto a su personalidad proyectadas por el propio Sadam Husein. El más conocido de estos monumentos es el arco triunfal erigido para celebrar la victoria de Al Anfal contra el movimiento de liberación nacional kurdo: dos brazos humanos, supuestamente los de Sadam, de 16 metros de longitud y 40 toneladas de peso cada uno, entrecruzan unas gigantescas espadas de 20 metros para formar el arco.

La desmovilización planteaba un doble problema de ocupación. Por una parte, dar un trabajo que no existía a las tropas que regresaban del frente. Por otra, mantener en sus puestos de trabajo a las mujeres y a los inmigrantes, sobre todo egipcios, que se habían incorporado al mundo laboral durante la guerra para cubrir las vacantes dejadas por los soldados movilizados y que, lógicamente, ahora no querían quedarse sin ocupación. Como otros dictadores, Sadam Husein optó por el camino fácil: la exaltación nacionalista y la culpabilización de los poderes externos.

Ante las crecientes dificultades por las que atravesaba la economía iraquí, el régimen, que ya no conservaba ningún atisbo de la revolución socialista y de la justicia social y la igualdad que decía encarnar, subrayó el discurso nacionalista y a la vez panarabista. En consecuencia, todo lo que sucediera a partir de entonces sería considerado como una conspiración contra Irak por parte de Estados Unidos e Israel. Así, el informe de agosto de 1988 de la ONU, en el que se pedían sanciones contra Irak por haber utilizado armas químicas contra la población kurda y contra los iraníes en la guerra que acababa de finalizar, fue achacado a dicha campaña. La explosión, en septiembre de 1988, de una fábrica de armas químicas y biológicas en la ciudad iraquí de Hilla, que causó centenares de muertos, también se apuntó en el saldo de la conspiración. Lo mismo sucedió en febrero de 1990 con las denuncias referentes a la conculcación de los derechos humanos hechas públicas en Nueva York por la organización Middle East Watch. Igual trato dio el régimen a las acciones de espionaje llevadas a cabo en la citada ciudad de Hilla por Farzad Bazoft, un supuesto periodista británico de origen iraní que fue ejecutado en marzo de 1990, o al descubrimiento y arresto, aquel mismo mes, en el aeropuerto de Heathrow de cinco pasajeros iraquíes que transportaban capacitadores que podían utilizarse para activar un dispositivo atómico. Según creían los dirigentes del régimen, el discurso de la conspiración reforzaba la cohesión en torno al líder, el nacionalismo iraquí y el panarabismo. Poco importaba que entrara en contradicción con otros gobiernos árabes o con la política que impulsaba el presidente George Bush desde la Casa Blanca: «En 1989 Estados Unidos suministró a Irak motores de helicóptero, bombas aspirantes para una planta nuclear, sofisticado equipo de comunicaciones, computadoras, cepas de bacterias y cientos de toneladas de sarín sin refinar [...]. El gobierno de Bush procuró garantizar la supervivencia de Sadam, resistiendo a las llamadas [de la ONU] a imponer sanciones, ofreciéndole crédito de la BNL y CCC,* alentando a las empresas de Estados Unidos a trabajar con él, vendiéndole equipo de uso dual y olvidando las amenazas a sus vecinos» (Aburish, 2001).

En los pocos meses que van desde el final de la guerra contra Irán a la invasión de Kuwait, la política de Sadam Husein comprendió una serie de gestos destinados a redefinir la posición de Irak en la región y a buscar una legitimización internacional del régimen. Así, en febrero de 1989, se creó en Bagdad el Consejo de Cooperación Árabe (CCA), formado por Irak, Egipto, Jordania y Yemen del Norte, que intentaba ser una respuesta, aunque muy tardía, al Consejo de Cooperación del Golfo (CCG) que habían formado, en enero de 1981, Arabia Saudí, Kuwait, Omán, Qatar, Bahrein y los Emiratos Árabes Unidos. El CCA no tuvo larga vida. En la reunión del primer aniversario, celebrada en Ammán, Sadam Husein hizo un virulento discurso antiestadounidense y antiisraelí en el que expuso su teoría de la conspiración. Hosni Mubarak le reprochó sus palabras y le reprendió severamente (Egipto mantenía buenas relaciones con Israel y era un agradecido aliado de Estados Unidos). El enfrentamiento verbal entre los dos dirigentes preludiaba la ruptura, que se produjo definitivamente en el segundo aniversario, celebrado después de la invasión de Kuwait, cuando Mubarak y Sadam se acusaron mutuamente de traicionar la causa árabe.

En la voluntad de homologar el régimen iraquí en el ámbito internacional se sitúan la amnistía de finales de 1988 —de la que fueron excluidos Yalal Talabani y los mi-

---

* Según Aburish se trata del la Banca Nazionale di Lavoro, que operaba desde su filial de Atlanta, y del Commodities Credit Corporation.

litantes de la Unión Patriótica del Kurdistán, beneficiados de una nueva amnistía mucho más amplia en 1990—; las promesas de liberalización política y respeto a los derechos humanos, y la autorización para formar nuevos partidos políticos. Asimismo, en abril de 1989, se realizaron elecciones a la Asamblea Nacional bajo un estricto control de los servicios de seguridad a las que se permitió concurrir a los partidos kurdos oficiales, que lograrían el 40 % de los escaños correspondientes al Kurdistán. El resto fueron ocupados por diputados del Baaz, que, como no podía ser de otra manera, obtuvo una aplastante mayoría en el nuevo Parlamento. Fue insuficiente para normalizar un país que había sufrido ocho años de guerra y que todavía presentaba focos de resistencia al régimen importantes: en enero de 1990, Sadam Husein lanzó una fuerte ofensiva contra las marismas del sur, zona de refugio de la perseguida oposición shií y de los desertores del ejército.

La situación de ruina económica y la deuda exterior frustraron las aspiraciones de Sadam Husein de convertir Irak en el país más importante y más poderoso del Golfo y del Oriente Medio. El descenso de los precios del petróleo impidió la recuperación económica. En diciembre de 1989 el precio del barril había llegado casi a los 19 dólares, y, en los primeros meses de 1990, subió a los 20. Pero en junio cayó por debajo de los 14 dólares, y continuó la tendencia a la baja iniciada a mediados de los ochenta. La situación económica de Irak era desesperada —a mediados de mayo Estados Unidos suspendió la concesión de nuevos préstamos al país— y Sadam Husein creyó llegado el momento de pasar factura por su esfuerzo militar en la contención de la revolución islámica de Jomeini. Aprovechó la reunión de la Liga Árabe en Bagdad del 28 al 30 de mayo de 1990. Su factura incluía tres peticiones y una amenaza. En primer lugar, pidió la reducción de la producción de petróleo para conseguir un alza de los precios y llegar a los 25 dólares por barril, lo que hubiera supuesto incrementar las rentas petroleras de Irak en más de un 75 %. Mencionó especialmente los Emiratos Árabes Unidos y a Kuwait, país al que acusó de producir 2,1 millones de barriles diarios, 600.000 por encima del cupo fijado por la OPEP. En segundo lugar, pidió que se le condonara a Irak la deuda de guerra contraída con los países árabes del Golfo y, de nuevo, señaló a Kuwait: la deuda con este país ascendía a unos ocho mil millones de dólares. Añadió algunas peticiones menores: reclamó a Kuwait el pago de unos miles de millones de dólares como compensación de los gastos que había tenido Irak con la guerra y el arriendo de las islas de Bubian y de Warba en el Golfo para obtener una salida al mar. Por último, añadió una velada amenaza de invadir Kuwait al afirmar que, de no repararse, «consideraría los estragos causados a la economía iraquí como una declaración de guerra» y comparó la política petrolera de Kuwait con «una agresión militar».

Para Bagdad, las peticiones y la amenaza eran lógicas. Por un lado, desde mediados de los ochenta, la caída de los precios del petróleo había reducido enormemente la renta de los países exportadores y, en el caso de Irak, la guerra librada contra Irán —según Sadam Husein, para frenar la revolución islámica y proteger a Kuwait y a los otros países de la península Arábiga— había provocado un fuerte endeudamiento. De ahí la doble petición de que le fuera condonada la deuda y de que se redujera la producción para incrementar el precio del crudo. Por otro lado, si estas peticiones no eran atendidas, la anexión de Kuwait satisfacía la vieja aspiración de Irak de obtener una salida viable al mar que le permitiera exportar su petróleo sin tener que pagar por la utilización de oleoductos de los países vecinos. Además, Irak siempre había puesto objeciones a la independencia de Kuwait, puesto que consideraba que dicho territorio —y por supuesto sus yacimientos petrolíferos— formaba parte de la antigua provincia otomana de Basora.

El camino hacia la guerra parecía ya imparable, sobre todo cuando Kuwait respondió airadamente y con menosprecio a las peticiones de Irak y se negó a reducir su producción de petróleo a los cupos fijados por la OPEP. El emirato se mostró insensible a las demandas de Irak, que recordó que cada reducción de un dólar en el precio del petróleo suponía una pérdida de 1.000 millones de dólares para la castigada economía iraquí. La respuesta de Kuwait, que no atravesaba ningún momento de dificultades económicas, todo lo contrario, resulta tan incomprensible que algunos autores (Aburish, 2001; Luizard, 2002) se preguntan si no habría un plan premeditado para llevar a Irak de nuevo a la guerra. En palabras del investigador francés, «los dirigentes kuwaitíes no hacían sino acorralar y llevar a la bancarrota inmediata a un gran país vecino que, además, era la primera potencia militar de la región. Su política provocadora hacia Irak era un juego peligroso. ¿Eran conscientes de ello? ¿Habían sido dirigidos hacia ese camino por los estadounidenses para completar un escenario preestablecido cuyo blanco eran Irak y su potencia militar, considerados como una amenaza para Israel? ¿Fue utilizado Kuwait para poner a Irak en el disparadero?».

Por si los interrogantes fueran pocos, la entrevista que mantuvieron el 25 de julio de 1990 la embajadora estadounidense April Glaspie, que habla árabe, y Sadam Husein añadió algunos más. El punto crucial de la entrevista fue la afiramción de Glaspie asegurando que Estados Unidos no pensaba intervenir en las disputas entre estados árabes, que deberían resolverlas por su cuenta. Con toda probabilidad, la embajadora estadounidense se refería al litigio sobre el trazado de la frontera definitiva entre Irak y Kuwait, que afectaba al importante campo petrolífero de Rumaila, situado hasta aquel momento en tierra de nadie por la falta de acuerdo, y a la soberanía de las disputadas islas de Bubian y de Warba en el Golfo, cuya ocupación colmaría la vieja aspiración iraquí de obtener una salida viable al mar para su crudo. Sin embargo, Sadam Husein interpretó —o se imaginó— que Washington daba luz verde a la invasión de Kuwait. Luego reafirmó dicha interpretación, que por otra parte se adecuaba muy bien a sus planes, al conocer las palabras pronunciadas unos días antes por la portavoz del Departamento de Estado, Margaret Tutwiler, y, sobre todo, las del subsecretario de Estado, John Kelly, quien afirmó, dos días después, que Estados Unidos no estaba obligado por ningún acuerdo a proteger a ningún estado del Golfo.

La madrugada del 2 de agosto de 1990, los blindados, los paracaidistas y las tropas del ejército iraquí invadían el emirato de Kuwait. La resistencia fue mínima y la conquista se completó en veinticuatro horas, una vez las tropas iraquíes llegaron a la frontera saudí. El emir Yaber al Ahmed al Sabah y la familia real, excepto el hermano del emir, Fahd al Ahmed al Sabah, que murió defendiendo el palacio real, junto con unos trescientos mil kuwaitíes huyeron a Arabia Saudí. Pocas horas antes, el 1 de agosto, aún había llegado a Bagdad un sofisticado equipo de transmisión facturado por una empresa de Estados Unidos. Fue la última entrega, pues a partir de entonces Estados Unidos rompió las buenas relaciones que mantenía con el régimen de Sadam Husein y se convirtió en su principal enemigo exterior.

El mismo día 2, a las pocas horas de la invasión, el Consejo de Seguridad de la ONU se reunió con carácter de urgencia y aprobó la resolución 660 que instaba a Irak a retirar sus tropas del emirato «de forma inmediata e incondicional». Ese mismo día, Estados Unidos, el Reino Unido y Francia congelaban todos los fondos iraquíes y kuwaitíes en el extranjero, medida que también adoptaron Alemania y Japón al día siguiente. El día 4, James Baker, secretario de Estado norteamericano, y Edvard Shevardnadze, ministro de Asuntos Exteriores de la URSS, que se encontraban reunidos en Irkutsk (Siberia), condenaron la invasión, exigieron la retirada iraquí de Kuwait y suspendieron cualquier nuevo envío de armas al régimen de Sadam Husein. El presidente egipcio Hosni Mubarak envió un pequeño contingente de tropas en defensa de Arabia Saudí. El día 6 de agosto, el Consejo de Seguridad de la ONU decidió el embargo comercial, militar y financiero y la adopción de sanciones contra Irak (resolución 661), que aisló el régimen de Bagdad del exterior y sometió a una forzada autarquía a un país que importaba el 80 % de los alimentos y casi la totalidad de los productos de consumo industrial. El 7 de agosto, Estados Unidos envió los primeros aviones, tanques y tropas para defender Arabia Saudí de un posible ataque iraquí. Al mismo tiempo, varias unidades de la flota estadounidense partieron hacia el Golfo. El día 8, Bagdad declaró que Kuwait pasaba a ser parte integrante de Irak (el 28 de agosto se convertiría en la decimonovena provincia de Irak). Al día siguiente, la ONU declaraba ilegal la anexión (resolución 662) y Turquía y Arabia Saudí cerraban los oleoductos que transportaban crudo iraquí en aplicación de la resolución 661. El día 10, se reunió la Liga Árabe en El Cairo para solucionar la crisis. Yasir Arafat y Husein de Jordania querían encontrar una solución árabe a la crisis, mientras que Hosni Mubarak, con el apoyo de Marruecos, Siria y los países del Consejo de Cooperación del Golfo proponían una solución rápida aunque ello implicara el envío de tropas de países no árabes. En aquellos momentos ya habían empezado a llegar las primeras tropas estadounidenses a Arabia Saudí y el rey Fadh había aceptado su presencia con finalidades defensivas. Poco después, el anuncio de Sadam Husein de cerrar todas las embajadas en Kuwait y trasladar el personal diplomático a Bagdad y de tomar rehenes de las naciones agresoras para ser utilizados como escudos humanos en caso de ataque cerró toda posibilidad de encontrar una solución árabe a la crisis y la internacionalizó definitivamente. El 18 de agosto, la ONU adoptó una nueva resolución (664) que exigía la salida inmediata de todos los extranjeros de Kuwait y de Irak.

La crisis provocada por la invasión de Kuwait tuvo muchas repercusiones:

1. Entre agosto y noviembre de 1990, Ali Hassan al Majid estuvo al mando de las tropas de ocupación iraquíes. Durante ese período fueron asesinados de forma indiscriminada un gran número de kuwaitíes; arrestados, golpeados y torturados otros varios miles, y numerosas casas, viviendas, palacios, ministerios, hospitales y muchos edificios públicos fueron destruidos y saqueados. Los familiares de Sadam Husein robaron y saquearon cuanto quisieron. «Sus hogares contenían valiosas alfombras persas, adornos y lámparas de oro y muebles proce-

dentes de Kuwait, por no mencionar las docenas de coches kuwaitíes, entre ellos Ferraris, que había en el garaje de Uday» (Aburish, 2001). Esta vez Ali Hassan al Majid se ganó el apodo de Verdugo de Kuwait.

2. El 12 de agosto, Sadam Husein se mostró dispuesto a retirarse de Kuwait si los israelíes hacían lo propio en los territorios ocupados. No hay duda de que Sadam Husein, que nunca había demostrado una particular inquietud por la situación de los palestinos en dichos territorios, utilizó esta artimaña con el fin de ganar simpatías para su causa. Y, sin duda, lo consiguió, ya que la crisis de Palestina —y muy especialmente la ocupación de Gaza y Cisjordania— refleja con claridad a ojos de la población árabe el doble rasero que utilizan los países occidentales en sus relaciones con el mundo islámico. En los meses siguientes, el divorcio entre los gobiernos árabes que participaron en la coalición antiiraquí y sus poblaciones se hizo cada vez más evidente y, en algunos casos, los gobernantes tuvieron que hacer verdaderos malabarismos para compaginar su participación en la coalición con una opinión pública totalmente contraria a la misma. Además, ello obligó al presidente Bush a prometer una mediación para solucionar la crisis de Palestina, de la que nació la iniciativa de la Conferencia de Madrid (octubre de 1991), que fructificó en los Acuerdos de Oslo dos años más tarde (1993 y 1995).

3. El precio del petróleo, que antes de la invasión de Kuwait se situaba alrededor de veinte dólares por barril subió rápidamente hasta los cuarenta, de tal manera que el precio medio anual acabó por situarse en los 19,94 dólares y llegó a los 25,58 en 1991. Estos máximos contrastan con los precios de los dos años anteriores (16,85 dólares en 1988 y 13,82 dólares en 1989) y posteriores

(16,70 dólares en 1992 y 17,13 dólares en 1993). Así pues, la segunda guerra del Golfo rompió por un tiempo la tendencia a la baja de los precios del petróleo que venía produciéndose desde mediados de los ochenta y que se prolongaría hasta el año 2000. Paradójicamente, Irak no se benefició del alza momentánea de los precios, ya que el embargo redujo de forma drástica sus exportaciones: de una media de casi tres millones de barriles diarios en 1989 pasó a una media de dos millones en 1990 para caer a 300.000 barriles diarios en 1991. Las repercusiones del alza sobre las economías occidentales fueron mínimas, pues respondía a motivos psicológicos y no a una falta de petróleo en los mercados. De hecho, desde el inicio de la crisis, Arabia Saudí incrementó su producción de crudo para compensar la falta de petróleo iraquí y kuwaití a los mercados.

4. El 15 de agosto, en una acción destinada a buscar apoyos en el mundo musulmán, Sadam Husein aceptó la firma de un tratado de paz incondicional con Irán —la guerra había acabado con un alto el fuego y con la aceptación de las resoluciones de la ONU, pero no se había llegado a firmar ningún tratado de paz— y del Acuerdo de Argel de 1975 sobre las delimitaciones fronterizas en Shatt el Arab. Atrás quedaban ocho años de guerra, centenares de miles de muertos y dos economías destrozadas. Todo había sido en vano puesto que la denuncia del Acuerdo de Argel había sido el pretexto formal utilizado por Sadam Husein para iniciar la guerra. Cuando empezaron las hostilidades, la aviación iraquí buscó y obtuvo refugio en Irán.

5. La ocupación de Kuwait provocó el éxodo de miles de trabajadores inmigrantes árabes y asiáticos, que, a razón de 10.000 o 15.000 personas diarias, abandonaron el

emirato a través de la frontera jordana en los meses de agosto y septiembre. Las economías de los países de procedencia, como Egipto, se vieron gravemente afectadas por este retorno masivo de emigrantes.

6. Por último, Sadam Husein intentó explotar al máximo el sentimiento antioccidental y antiestadounidense que se vivía en los territorios ocupados de Palestina, en el norte de África y en algunos países del Golfo. La propaganda de Bagdad reforzó la imagen de un Sadam Husein creyente y buen musulmán; los líderes religiosos shiíes de Irak proclamaron *fatwas* denunciando a los países musulmanes que participaban en la agresión de un país musulmán hermano; a pesar de no tener autoridad religiosa para ello, el mismo Sadam Husein hizo una llamada a la yihad (en el sentido de guerra santa) contra los enemigos del islam. Sadam Husein perdió la guerra, pero dicho sentimiento ha anidado con fuerza entre la opinión pública de muchos países musulmanes y se alimenta periódicamente con la política de los gobiernos de Washington respecto al mundo islámico, especialmente después del 11 de septiembre, y la de los gobiernos de Tel Aviv respecto a los territorios ocupados y a la población palestina, sobre todo en las etapas de Benjamin Netanyahu —de mayo de 1996 a mayo de 1999— y Ariel Sharon —desde febrero de 2001.

La invasión de Kuwait tuvo, sin embargo, otras consecuencias que no estaban en la agenda de Sadam Husein:

1. La política de distensión impulsada por Bush y Gorbachov jugó en contra de los intereses del presidente iraquí y favoreció una rápida y contundente actuación de Estados Unidos y la gran coalición que lideró. Washing-

ton demostró así que estaba dispuesto y en condiciones de defender a sus aliados más fieles, entre los que, sin duda, se encontraban Arabia Saudí y Kuwait, que mantenían importantes inversiones en Estados Unidos y otros países de la Organización para la Cooperación y el Desarrollo Económico. Al mismo tiempo, el presidente Bush disponía de una situación inmejorable para demostrar quién ejercía la soberanía mundial tras la guerra fría (la URSS desapareció formalmente el 31 de diciembre de 1991, pero el colapso de los regímenes comunistas y de la propia URSS se había iniciado mucho antes) y para imponer su «nuevo orden mundial».

2. La guerra beneficiaba a las industrias de armamento occidentales porque impelía a los países del Golfo a realizar fuertes inversiones en material militar y a financiar las operaciones bélicas. En 1992 y 1993, los gastos en defensa de los países del Golfo ascendían al 6 % del producto interior bruto en Bahrein, al 9 % en el recién unificado (1990) Yemen, al 14 % en Qatar, al 15 % en Arabia Saudí y los Emiratos Árabes Unidos, al 18 % en Omán y al 62 % en Kuwait.

3. La guerra daba la oportunidad a Estados Unidos y a los países de Europa occidental de parar los pies a un dictador egocéntrico y ambicioso, al que, insensatamente, habían contribuido a armar antes, durante y después del conflicto con Irán.

4. Finalmente, como ya se ha apuntado, la segunda guerra del Golfo permitió al presidente Bush ejercer de mediador en el conflicto de Palestina e intentar una salida que no contradijera los intereses de Estados Unidos y de Israel y que, en la medida de lo posible, satisficiera a los líderes palestinos (Yasir Arafat y los sectores mayoritarios de la Organización para la Liberación de Palestina) que

estaban dispuestos a negociar, primero en Madrid, luego en Washington y secretamente en Oslo. Se trataba de pacificar Palestina aplicando el principio de paz a cambio de territorios, que suponía hacer unas concesiones mínimas a los palestinos: autonomía restringida sobre Gaza y un porcentaje de territorio por determinar de Cisjordania.

A principios de noviembre, el presidente Bush ordenó el envío de 200.000 soldados suplementarios a la región del Golfo. Las tropas estadounidenses en la zona superaban ya los 300.000 efectivos. El 29 de noviembre de 1990, el Consejo de Seguridad de la ONU aprobó la resolución 678 (con la abstención de China y los votos en contra de Cuba y Yemen), que fijaba el 15 de enero de 1991 como fecha máxima para que Irak cumpliera todas las resoluciones anteriores y, por lo tanto, se retirase de Kuwait. De lo contrario, la coalición internacional, formada por iniciativa de Estados Unidos, podría usar, en nombre de la ONU, todos los «medios necesarios» para obligar a Irak a cumplir las resoluciones.

El 9 de enero, el secretario de Estado norteamericano, James Baker, y el ministro de Asuntos Exteriores iraquí, Tarek Aziz, se reunieron en Ginebra en un último intento de encontrar una salida negociada a la crisis. No llegaron a ningún acuerdo. El 13 de enero el Congreso de Estados Unidos dio luz verde al presidente Bush para entrar en guerra contra Irak. Al día siguiente, con el propósito desesperado de evitar la guerra, Francia presentó un plan de paz al Consejo de Seguridad de la ONU que fue rechazado por Estados Unidos y el Reino Unido.

El 17 de enero la maquinaria militar se puso en marcha. En un lado estaba el ejército iraquí atrincherado en Kuwait y en el sur de Irak. En el otro, una coalición internacional formada por 34 países.* Rondot (1995) sintetizó en pocas líneas los aspectos básicos de la acción militar iniciada la noche del 17 de enero de 1991 con la operación Tormenta del Desierto: «Frente a 580.000 iraquíes, un cuerpo expedicionario de 750.000 hombres, de los cuales 510.000 eran estadounidenses, bajo las órdenes del general Schwarzkopf; una coalición aliada de 32 [34] países; cuarenta y dos días y noches de combates aéreos, con 106.000 salidas;** un centenar de horas de combates terrestres; el 70 % de los blindados de Irak destruidos; entre 50.000 y 150.000 muertos iraquíes por 235 aliados; una batalla sin precedentes de misiles superficie-superficie Scud y superficie-aire Patriot; la amenaza química; una guerra seguida en directo por millones de telespectadores...».

La disparidad de fuerzas era evidente y aunque no es posible precisar con exactitud las cifras, porque las fuentes no son coincidentes, lo que queda de relieve es que Irak no tenía ninguna opción y que Estados Unidos sólo necesitaba la coalición por motivos políticos, ya que el desequilibrio militar no admitía dudas.

Esta superioridad militar dio lugar al lanzamiento de un número de proyectiles y a una intensidad de bombar-

---

* Los 34 países de la coalición eran Afganistán, Alemania, Arabia Saudí, Argentina, Australia, Bahrein, Bangladesh, Canadá, Checoslovaquia, Corea del Sur, Dinamarca, Egipto, Emiratos Árabes Unidos, España, Estados Unidos, Francia, Grecia, Hungría, Honduras, Italia, Kuwait, Marruecos, Nigeria, Noruega, Omán, Países Bajos, Pakistán, Polonia, Portugal, Qatar, Reino Unido, Senegal, Siria y Turquía.

** En realidad fueron 109.876 salidas, una media de 2.555 al día sobre un total de 27.000 objetivos: plataformas lanzadoras de misiles Scud; campos de aviación; defensas aéreas; centrales eléctricas; fábricas de armas químicas y biológicas; centros militares, de inteligencia y de comunicaciones; el ejército iraquí, y refinerías de petróleo (*Operation Desert...*).

EFECTIVOS MILITARES EN LA SEGUNDA GUERRA DEL GOLFO			
	ESTADOS UNIDOS		IRAK
	Total	En el Golfo	Total
Efectivos humanos[1]	2.040.000	425.000	1.000.000
Carros de combate	15.440	4.000	5.500
Aviones de combate[2]	6.016	1.800	665
Barcos de guerra[3]	325	más de 100	5

1. Estados Unidos disponía de más de 1.100.000 reservistas, Irak tenía 500.000.
2. Ante la desigualdad de fuerzas en combate, Sadam Husein no presentó batalla en el espacio aéreo y ordenó que los aviones iraquíes se refugiaran en Irán.
3. No es posible establecer con exactitud cuántos barcos intervinieron en la guerra.

Fuente: *The Unfinished War...*

deo sólo comparables con los de la segunda guerra mundial o de la guerra de Vietnam y el Sureste asiático. En la segunda guerra del Golfo, Estados Unidos lanzó 209.535 bombas de objetivos generales, 4.493 bombas guiadas por láser y 8.361 misiles aire-superficie. Además, la Marina de Guerra y el Cuerpo de Marina lanzaron un total de 283 proyectiles BGM-71 TOW desde helicópteros (*The Gulf War...*).

El 18 y el 22 de enero, Irak intentó alcanzar Israel con misiles Scud modificados para implicarlo en la guerra y dividir así a la coalición internacional. Difícilmente los países árabes hubieran permanecido en la coalición si Israel pasaba a formar parte de la misma. Los misiles de-

INTENSIDAD DE LOS BOMBARDEOS EN DIFERENTES GUERRAS			
	Toneladas de bombas	Duración de la guerra	Toneladas por mes
Segunda guerra mundial	2.150.000	45 meses	47.777,78
Guerra de Corea	454.000	37 meses	12.270,27
Guerra de Vietnam/ Sureste asiático	6.162.000	140 meses	44.014,29
Segunda guerra del Golfo	60.624	1,5 meses	40.416

Fuente: *Operation Desert...*

fensivos superficie-aire Patriot abortaron casi todos los intentos iraquíes e Israel no participó en la guerra. El 22 de febrero, tras 37 días de intensos bombardeos, George Bush dio 24 horas a Irak para empezar a evacuar Kuwait. El ejército iraquí empezó a retirarse, pero aplicó una táctica de tierra quemada e incendió los pozos de petróleo. El 24 de febrero empezaron las acciones militares terrestres de la coalición y dos días más tarde tuvo lugar una de las operaciones más espeluznantes e injustificables de la guerra: en el risco de Mittlah, un lugar angosto, la aviación de Estados Unidos atacó con aviones F-16 y bombarderos B-52 la cabeza y la cola de una columna de más de 2.000 vehículos civiles y militares que habían abandonado la ciudad de Kuwait y se dirigían a Basora. El ataque duró hasta que el 28 de febrero se declaró el alto el fuego: cuarenta horas de intenso bombardeo del que los ocupantes de los automóviles no podían escapar, puesto que la cabeza y la cola de la columna, lo primero en ser destruido, bloqueaban la carretera. Fue una verdadera carnicería.

Con el cese de los combates (28 de febrero) y el alto el fuego provisional (3 de marzo) se puso fin a la segunda guerra del Golfo. Era el momento de contar las víctimas y evaluar el coste de la guerra. El balance de las pérdidas revela la desigualdad de fuerzas y la diferencia en el tipo de guerra que libraron Irak y la coalición internacional.

Aunque los cálculos iniciales de víctimas iraquíes arrojaban una cifra de más de cien mil soldados muertos y, según Bagdad, unos treinta y cinco mil civiles, algunas estimaciones posteriores tendieron a reducir el número de bajas. Lo cierto es que la cifra exacta ya no podrá establecerse nunca. En cuanto a los prisioneros, por fuerza tuvieron que ser más de 60.000 mil, ya que la misma fuente indica que las tropas estadounidenses libraron al ejército saudí 71.204 prisioneros de guerra. Por otro lado, de los 293 soldados de Estados Unidos muertos, sólo 148 lo fueron en combate. Nueve soldados británicos cayeron por error bajo fuego estadounidense.

A las pérdidas de armamento de Irak reseñadas en la tabla siguiente, hay que añadir 3.700 carros de combate de un total de 4.280; 2.400 vehículos blindados de un total de 2.870; 2.600 piezas de artillería de un total de 3.110; 19 navíos hundidos y 6 dañados, y 42 divisiones de combate inutilizadas.

De los 40 aviones estadounidenses y los 12 del resto de aliados que se perdieron, sólo 28 y 9, respectivamente, lo hicieron en enfrentamientos. Por su parte, 137 aviones de combate iraquíes se refugiaron en Irán.

Los costes materiales de la guerra fueron indirectamente proporcionales a la efectividad y la eficacia de los medios materiales disponibles para matar y destruir. Así,

PÉRDIDAS DE GUERRA						
	Irak	Estados Unidos	Reino Unido	Francia	Aliados árabes	Resto de aliados
Muertos	más de 135.000	293	24	2	39	—
Heridos	300.000	467	10	25	sin datos	—
Desertores	150.000	—	—	—	—	—
Prisioneros	60.000	—	—	—	—	—
Aviones de combate	104	40	—	—	—	12
Helicópteros	19	23	—	—	—	—

Fuente: *The Unfinished War...*

el Departamento de Defensa de Estados Unidos calculó el coste de la guerra para el país en 61.000 millones de dólares, aunque otras fuentes elevan esta cantidad hasta los 71.000 millones. La operación fue financiada por Kuwait, Arabia Saudí y otros países del Golfo, que contribuyeron con 36.000 millones de dólares, por Alemania y Japón, que en conjunto aportaron 16.000 millones de dólares, y por distintos países del resto del mundo y Estados Unidos, que participaron con cantidades mucho menores. En el caso de Irak, las pérdidas sólo en infraestructuras —carreteras, puentes, aeropuertos, fábricas, edificios, etcétera— ascendieron a cerca de doscientos treinta mil millones de dólares, a los que habría que añadir unos ciento cincuenta mil millones más perdidos en rentas de petróleo, entre 1991 y 2002, por el embargo decretado por la

ONU sobre el crudo. Además, el gobierno de Bagdad estimaba a mediados de los noventa que necesitaría 214.400 millones de dólares para poder reembolsar la deuda exterior, financiar las importaciones y los programas de desarrollo y reparar los daños materiales causados por la guerra.

A todo lo anterior habría que añadir todavía las pérdidas y daños materiales causados en el emirato de Kuwait, valorados en 60.000 millones de dólares, sin contar los efectos negativos sobre el medio ambiente del sabotaje e incendio de 700 pozos de petróleo y los 2,5 millones de personas desplazadas en Irak como consecuencia de la guerra. Por si fuera poco, los efectos en «muchos países pobres del Oriente Medio y del sur de Asia fueron catastróficos: 250.000 palestinos y 150.000 egipcios que vivían en Kuwait tuvieron que huir, así como 600.000 asiáticos de la India, Pakistán, Sri Lanka y Bangladesh. Además, 350.000 egipcios tuvieron que abandonar Irak cuando Egipto entró en la coalición contra Irak. Como consecuencia, Jordania perdió 400 millones de dólares anuales en remesas [de emigrantes] y Egipto cerca de quinientos millones. Los inmigrantes de Bangladesh en Kuwait perdieron unos mil cuatrocientos millones de dólares en depósitos y asientos. Además de dejar de percibir las retribuciones por el tránsito de productos hacia Irak y de petróleo iraquí por su territorio, Jordania perdió 500 millones de dólares en subvenciones procedentes de Kuwait y Arabia Saudí y la posibilidad de seguir exportando al mercado saudí por haber apoyado a Irak» (Farouk-Sluglett y Sluglett, 2001). Por último, hay que consignar que 700.000 obreros yemeníes fueron expulsados de Arabia Saudí porque su país no había roto relaciones con Irak; que el comercio de Turquía con Irak, que era muy importante, también se vio afectado negativamente y que, en Cisjordania y Gaza, la mayoría de los trabajadores palestinos no pudieron acceder a sus trabajos en Israel durante el conflicto, por lo que dejaron de percibir en conjunto unos dos millones de dólares diarios. En contrapartida, se canceló la deuda a Egipto, que ascendía a 10.000 millones de dólares, y el Consejo de Cooperación del Golfo dio 5.000 millones de dólares a este país y a Siria en concepto de ayuda por haber formado parte de la coalición internacional. Egipto y Turquía también recibieron ayuda militar de Estados Unidos por valor de varios miles de millones de dólares.

En conclusión, Kuwait fue liberado al precio de miles de víctimas iraquíes, de enormes pérdidas materiales para la mayor parte de países de la región, consecuencia, en última instancia, de la irresponsabilidad de Sadam Husein y de la desproporcionada respuesta de la comunidad internacional y de Estados Unidos en particular. No obstante, la peor parte sin duda se la llevó Irak, que, como había amenazado el secretario de Estado, James Baker, regresó a la era preindustrial debido a los bombardeos estadounidenses. Así, en 1992 el producto interior bruto por habitante se situó en los 1.036 dólares —en 1980 había sido de 6.272 dólares, y en 1988, tras la guerra contra Irán, de 2.560— para caer todavía más en los años siguientes como consecuencia del embargo. Sin embargo, Sadam Husein y su círculo familiar seguían gobernando en Bagdad con mano férrea y un despotismo si cabe mayor que antes, inmunes a la guerra y a las dificultades internas, capaces además de aplastar nuevas revueltas y de provocar nuevas matanzas ante la indiferencia de la coalición internacional que los había expulsado de Kuwait.

LA POBLACIÓN DE IRAK,
ENTRE SADAM HUSEIN Y EL EMBARGO

Acabada la segunda guerra del Golfo, Sadam Husein aho-
gó en sangre los levantamientos que se produjeron en el
norte y el sur del país. El balance de víctimas fue de decenas
de miles de muertos y más de dos millones de refugiados.
En el sur, principalmente en las ciudades shiíes de Basora,
Amara, Nasiriya, Najaf y Kerbala, la Intifada («levantamiento» en árabe) se inició cuando apenas se había aca-
llado el estruendo de la guerra y las fuerzas de la coalición
internacional todavía ocupaban la zona. Fue una revuelta
espontánea que aprovechó unos momentos en que los mecanismos de control del poder estaban totalmente rotos,
en que el prestigio del régimen había sufrido un duro que-
branto y en que el ejército había sido castigado con una
derrota sin paliativos. Aparecieron líderes locales que rápidamente obtuvieron el apoyo de las organizaciones islá-
micas clandestinas, poseedoras de una vasta experiencia
política forjada durante décadas de persecución y represión, como era el caso del Partido Dawa. Desde su exilio
en Irán, Muhammad Bakir al Hakim, líder del Consejo
Supremo de la Revolución Islámica en Irak (SCIRI, en sus

siglas en inglés), organización fundada en 1982 bajo los auspicios de Teherán, hizo llegar hasta la frontera a unos pocos miles de combatientes del brazo armado del SCIRI, la Brigada Badr, para apoyar a los rebeldes que se habían hecho con un pequeño arsenal de armas abandonadas en la huida que siguió a la debacle y el colapso del ejército del sur o aportadas por los desertores que apoyaban la rebelión. La Intifada se extendió rápidamente y «en los pueblos tomados por los rebeldes, se perpetró una venganza terrible en aquellas personas consideradas agentes o colaboradoras del régimen» (Tripp, 2002). Era la respuesta incontrolada a siglos de persecución, desesperación y exclusión política de la mayoría shií.

En el Kurdistán, los militantes nacionalistas, espoleados por la derrota del ejército de Sadam Husein y por las noticias que llegaban de la Intifada, se levantaron en armas contra Bagdad. Igual que en el sur, al inicio la revuelta fue espontánea, pero aquí, la existencia de unos partidos con gran tradición de lucha y fuertemente organizados, dio a la rebelión una consistencia que no tuvo en el sur. De este modo, el Frente del Kurdistán —formado por el Partido Democrático del Kurdistán (PDK) y la Unión Patriótica del Kurdistán (UPK)— conquistó Kirkuk el 19 de marzo y marcó el punto álgido de la rebelión, pues, en diez días, las fuerzas gubernamentales y la Guardia Republicana reconquistaron la ciudad, en lo que fue una dura derrota para los rebeldes kurdos. Como subraya Tripp (2002), «el recuerdo de Al Anfal y los ataques químicos, así como crecientes rumores sobre matanzas de civiles, ocasionaron el éxodo de cientos de miles de kurdos, que huyeron en busca de una relativa seguridad hacia las fronteras de Irán y Turquía. Cerca de dos millones de personas cambiaron de sitio en el espacio de pocos días, lo cual desintegró las fuerzas rebeldes».

Los miles de víctimas de la nueva represión que llevaron a cabo las fuerzas de Sadam Husein en el norte y, sobre todo, en el sur del país, donde se desencadenó una verdadera matanza de rebeldes, eran también las víctimas de las promesas incumplidas del presidente estadounidense George Bush, que, en febrero de 1991, había alentado al pueblo iraquí a rebelarse contra la tiranía de Sadam Husein. Sin embargo, una vez en marcha la rebelión, Bush olvidó sus arengas y se echó atrás en sus promesas de apoyarla, especialmente si estaba protagonizada por los shiíes del sur, a quienes los países occidentales identificaban con el régimen de los ayatolás iraníes. En definitiva, «estaba claro que Estados Unidos y otros países, de la región y de la coalición, e incluso mucha gente en el mismo Irak, mostraban su temor ante la posible fragmentación del país. Podían sentir hastío por Sadam Husein, pero ante el grueso de las fuerzas armadas de Irak y el desorden que podía comportar su descomposición en una guerra civil generalizada con intervención de poderes regionales, especialmente Irán, optaron por mantener un líder fuerte» (Tripp, 2002). Las atrocidades que habían cometido los rebeldes —ejecuciones sin juicio, linchamientos, torturas, decapitaciones, descuartizamientos, asesinatos de soldados y oficiales inocentes, etcétera—, tanto en el norte como en el sur, no justificaban en ningún caso el retraimiento de Estados Unidos y los países de la coalición alegando que aquello era una cuestión interna de Irak y que, por lo tanto, no debían intervenir.

La traición a la población iraquí se consumó así de forma callada y deplorable. Las tropas de la coalición internacional se apartaron a un lado y abrieron paso a la Guardia Republicana para que sofocara la revuelta en el sur —en el norte no hacía falta que nadie se apartara, pues no había tropas de la coalición que impidieran al ejército de Sadam reagruparse y llegar hasta el Kurdistán. Sadam Husein encargó a su primo Ali Hassan al Majid que acabara con la rebelión. Utilizó para ello tres divisiones intactas de la Guardia Republicana y, «a la vista de las fuerzas aliadas reconquistó el sur [...]. Miles de personas perecieron; tan sólo en Najaf hubo más de mil cuatrocientos muertos [...]. Los sacerdotes shiíes [...] fueron escogidos para el castigo. Al final de la Intifada, en la última semana de marzo de 1991, sólo quedaban algunos centenares, cuando eran diez mil a principios de los años setenta [...]. Los oficiales del ejército que habían participado en la Intifada o habían vacilado fueron ejecutados sumariamente [...]. Se estima que en el sur de Irak murieron entre cincuenta y trescientas mil personas. Entretanto, las tropas aliadas se retiraban de Irak» (Aburish, 2001).

En el norte las cosas no fueron muy distintas. Las ciudades de Kirkuk y Suleimaniya y todo el Kurdistán fueron reconquistados en menos de dos semanas y, ante la política de no intervención del presidente Bush, el ejército iraquí llevó a cabo una represión despiadada, que se calcula que se cobró decenas de miles de víctimas. Sin embargo, la presión de las grandes cadenas internacionales de televisión, que mostraban la desbandada de los kurdos huyendo hacia Turquía perseguidos por el ejército de Sadam, forzaron a Estados Unidos, al Reino Unido y a Francia a establecer, el 6 de abril, una zona de exclusión aérea al norte del paralelo 36 destinada a proteger a la población kurda. El día 10 se iniciaba la operación Provide Comfort. Dos días más tarde llegaban las primeras tropas aliadas al Kurdistán y se retiraba el ejército iraquí. En unas semanas la mayoría de los refugiados que habían huido a Turquía o Irán pudieron regresar a sus casas.

Paralelamente, la ONU decretaba una resolución tras otra imponiendo condiciones a Irak. El 3 de abril, el Consejo de Seguridad aprobó la resolución 687 (1991), que obligaba al país a eliminar todas las armas de destrucción masiva y los misiles de largo alcance (más de 150 kilómetros), establecía la formación de una Comisión Especial de la ONU (UNSCOM), que junto con la Agencia Internacional de la Energía Atómica supervisaría el cumplimiento de la resolución, y confirmaba las sanciones impuestas por la resolución 661 de agosto de 1990 mientras Irak no cumpliera todos las exigencias fijadas por la nueva resolución. Se iniciaba así uno de los episodios más dramáticos de la historia reciente de Irak, pues su población, tras veintitrés años de dictadura y once de guerra casi ininterrumpidos —la segunda guerra, devastadora, había destruido gran parte de las infraestructuras del país— se enfrentaba ahora al embargo y a los desmanes y la represión del régimen tiránico de Sadam Husein.

De poco sirvió que el 6 de agosto de 1992 Estados Unidos, el Reino Unido y Francia establecieran también una zona de exclusión aérea al sur del paralelo 32 con el fin de proteger a los shiíes, porque las fuerzas represivas de la dictadura ejercían un férreo control de una población progresivamente diezmada por los efectos del embargo. El doctor Peter L. Pellet (Arnove, 2001)* ha eva-

---

* Pellet es profesor en el Departamento de Nutrición de la Universidad de Massachusetts. Ha formado parte de tres misiones en Irak como miembro de la Organización de Agricultura y Alimentos de la ONU. Ha sido consultor de la Organización Mundial de la Salud, Unicef, el Departamento de Agricultura de Estados Unidos, el Programa Mundial de Alimentos y la Academia Nacional de Ciencias. Pellet es miembro de la Fundación Internacional de Nutrición para los Países en Vías de Desarrollo.

luado los efectos del embargo sobre la economía y la población iraquíes antes de la aplicación de la resolución 986 (1995) sobre el programa Petróleo por Alimentos:

1. La destrucción causada por la guerra y la imposibilidad de importar la maquinaria necesaria disminuyeron la capacidad productiva de la agricultura iraquí, de tal manera que el consumo medio de energía por persona disminuyó de las 3.375 kilocalorías en el período 1987-1988 a las 2.277 kilocalorías entre 1993 y 1995. Asimismo, la ingestión de proteínas descendió, en el mismo período, de 67,7 gramos por persona a 43,3 gramos. En 1995 la cesta de la compra familiar contenía sólo una tercera parte de la energía y las proteínas que tenía en 1987 y 1988. Además, «la ración, compuesta fundamentalmente de cereales, resultaba insuficiente en minerales y vitaminas, especialmente vitaminas A y C».

2. Irak disfrutaba de un producto interior bruto por habitante que todavía superaba los 3.000 dólares en 1990; tras nueve años de embargo no alcanzaba los 500 dólares: según la clasificación de la ONU Irak figura actualmente entre los países más pobres del mundo. No podía ser de otro modo, porque el embargo decretado en las sanciones había reducido drásticamente las exportaciones de petróleo: entre 1991 y 1996, la producción se situó en una media de 489.000 barriles diarios, es decir, menos de la tercera parte de los que se producían durante la guerra con Irán (1.625.000 diarios) y una cuarta parte de los que se habían producido en los veintiún años anteriores (1.968.000 diarios).

3. La escasez de agua potable —la guerra había destruido o dejado inservibles muchas plantas potabilizadoras— contribuyó a incrementar, especialmente en los meses

PRODUCCIÓN DE PETRÓLEO EN IRAK (EN MILES DE BARRILES DIARIOS)					
Año	Producción	Año	Producción	Año	Producción
1970	1.549	1981	1.000	1992	425
1971	1.694	1982	1.012	1993	512
1972	1.466	1983	1.005	1994	553
1973	2.018	1984	1.209	1995	560
1974	1.971	1985	1.433	1996	579
1975	2.262	1986	1.690	1997	1.155
1976	2.415	1987	2.079	1998	2.150
1977	2.348	1988	2.685	1999	2.508
1978	2.563	1989	2.897	2000	2.571
1979	3.477	1990	2.040	2001	2.432
1980	2.514	1991	305		

Fuente: reelaboración de la información proporcionada por la Energy Information Administration.

de verano y en las provincias centrales y del sur, los casos de diarreas infecciosas, fiebre tifoidea, hepatitis y gastroenteritis. Al mismo tiempo, se redujo la cantidad de agua disponible para la agricultura, lo cual contribuyó a acelerar el proceso de salinización de las tierras de cultivo. Se redujo así todavía más la capacidad de producción de alimentos.

4. La acción combinada de la pérdida de capacidad alimentaria, de renta per cápita y de agua potable se tradujo en un incremento alarmante de los casos de desnu-

trición entre la población adulta, pero, especialmente, entre los niños, que presentaban problemas de crecimiento y de falta de defensas: en las provincias centrales y del sur la malnutrición crónica afectaba, según Unicef, al 30 % de los niños. Entre 1991 y 1996 subió del 18,7 al 32 %; la falta de peso, del 9,2 al 23,4 %, y la malnutrición aguda, del 3 al 11 % (Unicef, noviembre de 2002; Gordon, 2002).

5. Por último, la tasa de mortalidad infantil, que había disminuido entre 1960 y 1990, repuntó después de la segunda guerra del Golfo para volver a niveles propios de finales de los sesenta. La situación era mucho peor en las provincias del centro y del sur del país, controladas por el gobierno de Bagdad, que en las provincias kurdas del norte, bajo protección de la ONU. Entre 1994 y 1999, en el centro y el sur la tasa de mortalidad de los menores de cinco años era ligeramente superior en los niños (136 ‰) que en las niñas (125 ‰). También era superior en las zonas rurales (145 ‰) que en las áreas urbanas (121 ‰). En estas regiones, la tasa media de la mortalidad de menores de cinco años se situaba en 1999 en el 131 ‰, nivel comparable al de Haití (132 ‰) y Pakistán (136 ‰). En cambio, en las provincias kurdas la evolución de la tasa de mortalidad de menores de cinco años, pese al repunte posterior a la segunda guerra del Golfo, fue menos dramática y los valores se mantuvieron sensiblemente inferiores a los del resto de Irak: 1984-1989, 80 ‰; 1989-1994, 90 ‰; 1994-1999, 72 ‰ (Unicef, agosto de 1999).

A mediados de los noventa, la situación se había vuelto insostenible y no cabía duda de que «el factor fundamental que explica [la negativa situación] de la alimentación, la nutrición y la salud en los últimos años es el embargo

EVOLUCIÓN DE LA TASA DE MORTALIDAD INFANTIL EN IRAK		
Año	Niños menores cinco años (‰)	Niños menores un año (‰)
1960	171	117
1970	127	90
1980	83	63
1990	50	40
1995	117	98
1998	125	103

Fuente: Unicef (agosto de 2002).

económico» (Peter L. Pellet, en Arnove, 2001). Para paliar en la medida de lo posible esta dramática situación, el 14 de abril de 1995, el Consejo de Seguridad de la ONU aprobó la resolución 986, que levantaba parcialmente el embargo y permitía la exportación de cantidades limitadas de petróleo a cambio de alimentos, de ahí el nombre con que popularmente se conoce: programa Petróleo por Alimentos. Los beneficios del petróleo se destinarían en un 53 % a la importación de alimentos, medicinas y ayuda humanitaria para los habitantes de las provincias del centro y del sur de Irak (el 87 % de la población); un 13 % para la población kurda del norte del país; un 30 % para reparaciones de guerra, es decir, para pagar la deuda contraída por Irak con todos aquellos países, empresas, instituciones y particulares que habían presentado reclamaciones de acuerdo con la resolución 687 de 1991, aunque, a petición de Rusia, Francia y China, el Consejo de

Seguridad aprobó, el 5 de diciembre de 2000, la resolución 1.330 que reducía este porcentaje al 25 %, para que el 5 % restante se pudiera dedicar a aliviar la situación de la población iraquí más desfavorecida. El resto de los ingresos obtenidos por la exportación de crudo se destinan a los gastos de la ONU generados por el programa humanitario, al mantenimiento de las misiones en Irak (incluida la UNSCOM y después la Comisión de Observación, Verificación e Inspección de Naciones Unidas, UNMOVIC) en Irak y a la reparación y el mantenimiento de los oleoductos.

Sin embargo, Carlos Varea (2002) señala que «pese a los aumentos sucesivos decididos por el Consejo de Seguridad en la cantidad de dinero que Irak podía exportar en crudo [primero fueron 2.000 millones de dólares semestrales; en febrero de 1998, se aumentó a 5.200 millones de dólares al semestre, y, en diciembre de 1999, se eliminó el límite], el programa no ha determinado en estos años una mejora apreciable de la situación humanitaria en el país, como mucho ha impedido un deterioro aún mayor de las condiciones de vida de la población». Sin duda, ello se debe a que no todo el dinero se destina a la ayuda humanitaria —sólo las compañías petroleras han reclamado a Irak un total de 300.000 millones de dólares en concepto de deudas— y a que el férreo control del Consejo de Seguridad impide la compra de productos de uso dual, lo cual castiga, en particular, a la agricultura (abonos, fertilizantes, insecticidas, etcétera) y a la sanidad —sobre todo a los departamentos de oncología, que carecen de productos básicos para administrar tratamientos de quimioterapia—, y, en general, a todos los productos destinados a sectores como los de comunicación, transportes, automoción, electricidad y tratamiento de aguas que Estados

Unidos y el Reino Unido consideran que Irak podría utilizar para desarrollar nuevos programas de armas de destrucción masiva.

A diferencia de otros países occidentales, Estados Unidos y el Reino Unido han mantenido una actitud vigilante y un celo rayano en el obstruccionismo a la hora de hacer cumplir el embargo. En palabras del antiguo coordinador del programa de la ONU de ayuda humanitaria para Irak, Denis J. Halliday (otoño de 1997-otoño de 1998) y de su sucesor, Hans von Sponeck (otoño de 1998-primavera de 2000), «la muerte de entre 5.000 y 6.000 niños al mes se debe en su mayor parte al agua contaminada, a la falta de medicinas y a la malnutrición. El responsable de la tragedia no es Bagdad, sino el retraso en la concesión de permisos por parte de los gobiernos norteamericano y británico sobre el traslado de equipos y material» (*The Guardian*, 29 de noviembre de 2001, citado en Varea, 2002). Poco antes, en el momento de su dimisión en protesta por las sanciones, Denis J. Halliday ya había afirmado que «estamos en camino de destruir una sociedad entera. Es tan simple y espantoso como eso. Es ilegal e inmoral» (*The Independent*, 15 de octubre de 1998).

La aplicación del programa Petróleo por Alimentos había permitido, entre diciembre de 1996 y mediados de enero de 2003, la exportación de unos tres mil trescientos millones de barriles de petróleo, que habían proporcionado 61.700 millones de dólares. De esa cantidad, el 59 % se había entregado al gobierno de Bagdad para que realizara las oportunas compras de suministros y equipos humanitarios y de servicios destinados a la población de las provincias del centro y el sur de Irak; la ONU había dispuesto del 13 % para realizar el mismo tipo de adquisiciones destinadas a las poblaciones de las provincias kurdas del norte de Irak. El 28 % restante se había repartido de la siguiente manera: el 25 % para pagar las reparaciones de guerra a países, empresas y particulares; el 2,2 % para los gastos administrativos y operacionales del programa Petróleo por Alimentos, y el 0,8 % para los gastos ocasionados por el programa de inspección de armas de destrucción masiva y misiles de largo alcance (ONU, noviembre de 2002 y enero de 2003).

De las cifras anteriores se deduce que la población de las tres provincias septentrionales, que concentran el 48 % de la tierra cultivable de Irak, reciben en torno a un 22 % más en ayuda que las provincias del centro y del sur. Además, como denunció la eurodiputada francesa Florence Kuntz,* hasta el año 2001, de las exportaciones de crudo realizadas al amparo del programa Petróleo por Alimentos, la población sólo recibió el equivalente a 113 dólares por persona y año, porque el resto se destina a pagar las reparaciones de guerra y a sufragar los gastos de la ONU. Esta situación beneficia a Estados Unidos porque, como garante del cumplimiento de las resoluciones y del programa Petróleo por Alimentos, le permite «regular y dominar [...] el petróleo irakí. Más del 70 % del petróleo así producido es comprado por la industria petrolera americana» (Kuntz, 2003).

En conclusión, este programa no ha bastado para mejorar la situación económica y social de un país devastado por las guerras, la dictadura y el embargo. Sin duda, más

* Florence Kuntz era militante de la RPR (Unión por la República) y fue elegida consejera regional de Rhône-Alpes en 1998. En junio de 1999 salió eurodiputada por las listas de la Unión por Francia y por la Independencia de Europa. En julio de 2000 abandonó la RPR y, en las elecciones presidenciales de 2002, formó parte del Polo Republicano que daba su apoyo al Movimiento de los Ciudadanos de Jean-Pierre Chevènement.

LOS EFECTOS DEL EMBARGO*

ALIMENTACIÓN (KILOS POR PERSONA Y MES)

	1989	1996	Mínimo necesario	Cobertura del mínimo (%)
Harina de trigo	15	7	7,38	95
Arroz	3,28	1,2	3	40
Azúcar	3,4	0,5	2,7	19
Aceite	1,28	0,75	0,9	84
Té	0,25	0,1	0,15	66
Leche infantil	3,06	1,7	—	—

MORTALIDAD

Niños menores de cinco años

Causas	Febrero de 1989	Febrero de 2000	Incremento (%)
Diarrea	104	1.377	1.224
Neumonía e infecciones respiratorias	158	3.002	1.800
Malnutrición	94	2.560	2.623

Adultos mayores de quince años

Causas	Febrero de 1989	Febrero de 2000	Incremento (%)
Enfermedades del corazón e hipertensión	71	593	735
Diabetes	90	589	555
Tumores malignos	318	1.868	487

* Los datos que siguen no incluyen la región autónoma de administración kurda.

Fuente: elaboración propia a partir de Niblock (2002).

allá de las cifras, las críticas más duras proceden de varios responsables de misiones humanitarias de la ONU en Irak. Así, Denis J. Halliday y Hans von Sponeck «han calificado el embargo de crimen contra la humanidad. Su amplitud, su carácter metódicamente organizado, el conocimiento de las fechorías que encubre, permiten definirlo como un acto de naturaleza genocida. No respeta los derechos del hombre (Convención de los derechos del niño, pactos de 1966...), ni los derechos humanitarios (Convención de Ginebra), ni el derecho de los pueblos a disponer de ellos mismos, e incluso no respeta la Carta [fundacional] de la ONU, que excluye toda acción en contra de las poblaciones civiles» (Kuntz, 2003).

Por su parte, Jutta Burghardt, directora del Programa Mundial de Alimentos en Irak entre enero de 1999 y marzo de 2000, ha denunciado que «el programa humanitario para Irak [...] no garantiza la protección de los derechos humanos en Irak. Tampoco podría hacerlo si se desarrollase plenamente, de buena fe y sin su actual politización. Se trata de una operación de asistencia y mantenimiento de corto aliento, semejante a la que hallamos en las operaciones habituales de emergencia en todo el mundo, que trata a la población iraquí como si viviese en campos de refugiados. Este programa no puede reemplazar a la plena actividad del Estado, y no substituye a las actividades económicas de toda una nación» (Varea, 2002).

Por último, las cifras de mortalidad infantil aportadas por el gobierno iraquí, por la ONU y «por muchas organizaciones humanitarias para las que las sanciones son asimilables a las armas de destrucción masiva, son apocalípticas: revelan la muerte de más de 600.000 niños como consecuencia del embargo desde 1990. Aunque estos datos son difíciles de verificar, puesto que se han convertido en un motivo de propaganda, el carácter trágico de la situación no puede ponerse en duda. Y la aplicación del programa Petróleo por Alimentos no ha cambiado nada» (Luizard, 2002; Campaña por el Levantamiento de las Sanciones a Irak, 1997).

Desde el año 2000, y coincidiendo con la ampliación del cupo de petróleo que Irak tiene permitido exportar, cabe hablar de «una mejora de las condiciones socioeconómicas generales [...] en todo el país» y se puede afirmar que el programa ha impedido «el deterioro aún mayor de los servicios públicos y la infraestructura» tal como sugieren los informes de la ONU realizados por la Oficina del Programa de Irak y por el secretario general (ONU, octubre y noviembre de 2002). Sin embargo, la sombra de la guerra se proyecta como una amenaza insalvable para una población que ha retrocedido a las condiciones de hace treinta años: la mitad de la población vive por debajo del nivel de la pobreza (9 dólares al mes por familia) y más de cuatro millones y medio de personas, en la extrema pobreza; el paro afecta a más del 50 % de la población activa; el 56 % de la población no tiene acceso al agua potable; la mortalidad femenina relacionada con el parto se ha multiplicado por cinco; la malnutrición afecta a más del 60 % de los niños; la esperanza de vida se ha reducido de 66 a 57 años; los niveles de escolarización han descendido alarmantemente; las restricciones eléctricas pueden alcanzar las 18 horas diarias en verano... (Varea, 2002).

En los años que van desde la segunda guerra del Golfo hasta la actualidad, el régimen de Sadam Husein ha tenido que enfrentarse a un continuo hostigamiento por parte de Estados Unidos y del Reino Unido, dispuestos a desgastar su poder pero no a terminar con su dictadura.

El valor nutricional en la canasta mensual de alimentos distribuidos en todo el país casi se ha duplicado desde 1996, de alrededor de 1.200 a aproximadamente 2.200 kilocalorías por persona por día. Sin embargo, los organismos y programas de las Naciones Unidas calculan que más del 60% de la población de Iraq —los sectores más pobres de todos— sólo tienen acceso a la canasta mensual de alimentos para satisfacer todas las necesidades de los hogares.

Además ha habido en el centro y el sur una reducción en el número de enfermedades transmisibles, como el cólera, el paludismo, el sarampión, la parotiditis, la meningitis y la tuberculosis, y no ha habido en el país ningún caso de poliomielitis en los últimos 32 meses gracias a la alta calidad de las campañas de inmunización.

Sin embargo, hay escasez de preanestésicos y reactivos a causa de las preocupaciones acerca del doble uso de los miembros del Comité. Escasean también los productos farmacéuticos para el tratamiento de la leucemia y el cáncer en todo el país, en parte debido a la asignación financiera insuficiente del Gobierno de Iraq, a las dificultades en la cadena de suministro que han dado como resultado la llegada errática de artículos que se utilizan en conjunción con otros medicamentos, y en parte a causa de las preocupaciones acerca del doble uso.

En 2002, las tasas de malnutrición se han reducido a la mitad de lo que eran en 1996. Los resultados preliminares indican una reducción en el número de niños por debajo del peso normal del 23 % en 1996 al 10 % en 2002, de la malnutrición crónica del 32 % en 1996 al 24 % en 2002 y de la malnutrición aguda del 11 % en 1996 al 5,4 % en 2002.

**EXTRACTOS DEL INFORME DEL SECRETARIO GENERAL
DE LA ONU S/2002/1239 DE 12 DE NOVIEMBRE DE 2002***
(Continuación)

Durante el período mencionado, en las tres gobernaciones del norte, ha habido una reducción del 20 % en la malnutrición aguda, del 56 % en la malnutrición crónica y del 44 % en los niños con peso inferior al normal en el grupo de menos de 5 años de edad, en parte a causa del programa especial de nutrición y alimentación complementaria para las madres embarazadas y lactantes y otros grupos vulnerables.

El acceso al agua potable es insuficiente en cantidad y en calidad y en muchos casos las redes de agua y saneamiento siguen en muy mal estado.

* Excepto cuando se indica lo contrario, la información se refiere siempre a las provincias (gobernaciones en la terminología de la ONU) del centro y del sur de Irak y no incluye, por lo tanto, las provincias autónomas kurdas.

Fuente: ONU, Consejo de Seguridad (12 de noviembre de 2002).

Estos países ejercen una política de presión, de la que muy pronto se retiró Francia, destinada, teóricamente, a velar por el cumplimiento de las resoluciones de la ONU y a facilitar las inspecciones de la UNSCOM. De nuevo la víctima de dicha política ha sido la población de Irak, puesto que las continuas amenazas y los ataques aéreos a menudo han sembrado el pánico entre la población civil al mismo tiempo que endurecían la dictadura y cohesionaban el núcleo del poder en torno a Sadam Husein. Nasser Auri (en Arnove, 2001) relaciona seis episodios de esta guerra a pequeña escala declarada por Estados Unidos (y el Reino Unido) al régimen de Sadam:

1. El 27 de junio de 1993, Estados Unidos lanzó varios misiles de crucero contra los centros de inteligencia iraquíes y causó víctimas civiles. Ésta fue la respuesta de Washington al intento de atentado contra el ex presidente George Bush durante su visita a Kuwait aquel mismo año.

2. En septiembre de 1994, el presidente Bill Clinton amenazó con atacar Irak si no retiraba sus tropas de la frontera con el emirato de Kuwait.

3. El 3 y el 4 de septiembre de 1996, Estados Unidos y el Reino Unido atacan objetivos militares de Irak en respuesta a las incursiones del ejército iraquí en territorio kurdo del 31 de agosto. El Kurdistán volvía a estar en guerra civil y la intervención iraquí en favor de uno de los contendientes desmanteló las estructuras del Consejo Nacional Iraquí —creado en 1992 bajo los auspicios de Estados Unidos para agrupar a la oposición a Sadam Husein— en las provincias del norte y obligó a huir a los agentes de la CIA. Estados Unidos y el Reino Unido aprovecharon este momento para ampliar la zona de exclusión aérea al sur del paralelo 33, decisión que Francia no compartió.

4. En octubre de 1997, Irak exigió que los inspectores estadounidenses de la UNSCOM abandonaran el país porque realizaban operaciones de espionaje para Washington. Bagdad fue acusado de obstruir los trabajos de inspección de la ONU y la Administración de Clinton amenazó con utilizar la fuerza para castigar a Bagdad, imponer unas sanciones todavía más duras y cancelar el programa Petróleo por Alimentos. Sin embargo, el tiempo dio la razón a Bagdad cuando más tarde (enero y marzo de 1999, respectivamente) *The Boston Globe* y *The Washington Post* revelaban que las sospechas de Irak eran fundadas. Aquel mismo mes de octubre la UNSCOM de-

claró que el régimen de Sadam Husein no tenía capacidad para producir armas químicas, biológicas o nucleares.

5. El 12 de enero de 1998, el gobierno de Bagdad decidió prohibir la permanencia en el equipo de la UNSCOM de Scott Ritter, un inspector estadounidense acusado de mantener contactos con los servicios de inteligencia de Estados Unidos e Israel y de mostrar una actitud claramente antiiraquí. Al mismo tiempo, el nuevo responsable de la UNSCOM, Richard Butler, que había sustituido a Rolf Ekeus en julio de 1997, acusó a Irak de no permitir la entrada de los inspectores en los denominados palacios presidenciales, que los iraquíes consideraban un símbolo de su soberanía. La respuesta de la Casa Blanca fue la amenaza de una nueva guerra devastadora. Ante la gravedad de la situación, Kofi Annan se trasladó a Bagdad y, el 23 de febrero, firmó un acuerdo con Tarek Aziz que permitiría la inspección de los palacios presidenciales. Sobre la base de este acuerdo, el Consejo de Seguridad aprobó el 2 de marzo la resolución 1.154, que obligaba a Irak a cumplir sin obstrucciones ni tardanzas su compromiso de abrir toda la nación a los inspectores de armas internacionales: cualquier lugar, cuando quisieran, sin condiciones, sin fechas límite ni otras excusas. Todos los miembros del Consejo de Seguridad compartían la idea de que un nuevo fracaso podría tener las más graves consecuencias para Irak. Washington y Londres interpretaron que cualquier nueva transgresión iraquí permitía una respuesta punitiva automática, mientras que Rusia, China y Francia consideraban que cualquier futura acción militar contra Irak exigía una nueva resolución de la ONU.

6. A principios de septiembre de 1998 se abrió una nueva crisis entre la UNSCOM y el régimen de Sadam Husein. Richard Butler acusó a Bagdad de obstruir las inspec-

ciones y suspendió todas las actividades de la Comisión hasta que no se resolviera la situación. Sadam Husein, por su parte, suspendió toda colaboración con la UNSCOM a finales de octubre. El 5 de noviembre una nueva resolución del Consejo de Seguridad de la ONU instó a Irak a reemprender la colaboración con la UNSCOM. Poco después Sadam Husein aceptó la vuelta de los inspectores, mientras Estados Unidos y el Reino Unido amenazaron con atacar sin previo aviso si no se permitían o se interferían las inspecciones. A mediados de diciembre la UNSCOM denunció nuevas obstrucciones y retiró a los inspectores de Irak. Algunos medios diplomáticos —Francia, Rusia, China— acusaron a Richard Butler de prolongar innecesariamente la presencia de la UNSCOM en Irak, pues los últimos informes, incluidos los de Butler, consideraban que el país no poseía armas de destrucción masiva, porque sus arsenales habían sido destruidos por los bombardeos de la segunda guerra del Golfo o por la misma UNSCOM, ni tenía capacidad de fabricar nuevas armas. Además, en agosto el Consejo de Seguridad había solicitado dar un primer paso hacia el levantamiento de las sanciones impuestas por la resolución 687 (1991) a Irak. Asimismo, estos medios diplomáticos acusaban a Richard Butler de haber actuado precipitadamente en el nuevo enfrentamiento con Sadam Husein y de haber preparado el pretexto para una nueva intervención militar. Entre el 17 y el 20 de diciembre, las aviaciones de Estados Unidos y del Reino Unido llevaron a cabo la operación Zorro del Desierto: mediante bombardeos intensivos castigaron duramente instalaciones militares y civiles iraquíes, entre ellas una refinería de petróleo en Basora, donde murieron varios civiles. No obstante, la operación ha sido valorada como un fracaso: «Los objetivos primarios eran unos, como los sitios que Estados Unidos sospechaba que desempeñaban un papel en la ocultación del programa de armas de Irak. Públicamente justificado por Estados Unidos y el gobierno británico por la continuada amenaza militar que Irak representaba para la región, el ataque se propuso un doble objetivo: forzar la cooperación iraquí con la UNSCOM y debilitar el régimen de Sadam Husein con la esperanza de acelerar su derrocamiento [...]. [Pero], el poder de Sadam Husein no se vio muy afectado por la acción militar, sino que frustró y confundió a aquellos que deseaban ver un cambio de régimen en Bagdad. Incluso la política punitiva de sanciones parecía haber tenido menos impacto en el poder de Sadam Husein del que se había imaginado, a pesar de la destrucción de la economía iraquí y de la miseria de la inmensa mayoría de la población» (Tripp, 2002).

Durante el mandato del presidente Bill Clinton, el Pentágono gastó entre 50.000 y 60.000 millones de dólares anuales en mantener el acoso militar al régimen de Sadam Husein. Desde diciembre de 1998 hasta junio de 1998, la aviación del Reino Unido lanzó sobre Irak una cantidad de bombas dos veces y media superior a la lanzada durante los seis años anteriores. Como medida de la amplitud del acoso cabe señalar que, desde que Estados Unidos y el Reino Unido ampliaron la zona de exclusión aérea al sur de paralelo 33 en septiembre de 1996 hasta junio de 2002, las fuerzas del aire de estos dos países han llevado a cabo 211.154 incursiones en el espacio aéreo iraquí y sus bombardeos han causado 1.142 víctimas civiles y más de 1.200 heridos también civiles (Varea, 2002).

La política de hostigamiento a Sadam Husein no hizo más que consolidar su poder y afilar las aristas de la dictadura. Lo cierto es que para una gran parte del mundo árabe y de la población de Irak Sadam seguía siendo un dictador, pero, al mismo tiempo, se había convertido en el dirigente árabe que había sobrevivido al embate de una coalición internacional liderada por Estados Unidos y se mantenía en el poder a pesar de una década de ataques aéreos y de la disminución territorial provocada por la autonomía de las provincias kurdas del norte y, en menor medida, por las zonas de exclusión aérea.

En los años noventa, Sadam Husein articuló cada vez más el poder alrededor de la minoría suní, aunque a veces aceptó la presencia de destacados políticos shiíes. Las relaciones tribales y de parentesco forjaron un sistema de clientelismo que, a medida que se aproximaba a la cúspide del poder, propocionaba más privilegios en un país sumido en la miseria. A partir de 1996, cuando empezó a aplicarse el programa Petróleo por Alimentos, la posibilidad de controlar la distribución de alimentos y una parte de las exportaciones de petróleo añadió nuevos acicates al afán de los colaboradores de mantenerse en el entorno del poder y guardar fidelidad a Sadam Husein. Las fuerzas de seguridad del presidente fueron confiadas a los miembros más próximos de los clanes de Ramadi, Dur, Samarra y, por supuesto, Takrit, mientras que los puestos clave de los servicios de inteligencia, el mando militar y los asuntos económicos y políticos quedaban en manos de la familia directa de Sadam —hijos, hermanastros y primos— y de los «camaradas»: Izzat Ibrahim al Duri, Taha Yasín Ramadán y Tarek Aziz.

La tupida red de clientelismo y de relaciones familiares y tribales permitía al régimen vivir aislado del exterior —sin verse afectado en la estructura del poder por los continuados ataques estadounidenses y británicos— y ejercer un férreo control sobre el ejército, el Partido Baaz, la oposición y la población iraquí. Sadam Husein podía anticiparse a cualquier maniobra que buscase apartarlo del poder, porque, en última instancia, era él mismo quien determinaba quién podía servirle mejor y qué prebendas recibiría a cambio. Además, tendía a enfrentar un grupo contra otro, favoreciendo ahora a uno, ahora a otro, pero dejando siempre abiertas las puertas a todos para que pudieran acceder a los privilegios si con sus servicios se ganaban la confianza y el favor del presidente. En suma, Sadam Husein erigió un poder absoluto que le garantizaba la estabilidad de puertas adentro: la represión y el terror se encargaban de los disidentes y de las varias conspiraciones militares que se habían propuesto acabar con él. Sólo en una ocasión se vio públicamente cuestionado su poder. Corría el verano de 1995.

El 8 de agosto de 1995, los hermanos Husein Kamel al Majid y Sadam Kamel Hassan al Majid, primos paternos y yernos de Sadam, huyeron con sus familias a Jordania. Era una deserción imposible de esconder y, sin duda, la más importante que se había producido nunca, pues se trataba de personas del entorno familiar más directo y de mayor confianza de Sadam: Husein Kamel, como antiguo ministro de Industrialización Militar y de Defensa y asistente de confianza del presidente, era responsable de los programas de armas de destrucción masiva. En Ammán, Husein Kamel se puso a disposición de la CIA y durante dos semanas «dijo a los americanos todo lo que necesitaban saber. Aparecieron plantas de fabricación de sustancias químicas que no se habían descubierto [por la UNSCOM], compañías que trabajaban para el programa de guerra biológica, documentos que confirmaban que Irak había trabajado con el mortífero gas nervioso VX, y se nombraron individuos e instituciones a cargo de estos programas. Tenía poca información nueva sobre el campo nuclear; la Agencia Internacional para la Energía Atómica había tenido un relativo éxito. Cuando termino con él, la CIA dejó a Kamel en manos de Ekeus, y el diplomático sueco obtuvo más datos porque sabía cómo preguntar» (Aburish, 2001).

La historia de los hermanos Al Majid tiene un poso dramático difícil de obviar. Después de haberles sonsacado toda la información posible, en particular a Husein Kamel, fueron abandonados a su suerte en Ammán. Todos sus intentos por contactar con la oposición iraquí en Londres fueron vanos y Estados Unidos no parecía dispuesto a asignarles ningún papel relevante en el futuro. Decepcionados y ante una incierta promesa de perdón por parte de Sadam Husein, en febrero de 1996 decidieron volver con sus familias a Bagdad. Llegaron vestidos con el traje de oficiales del ejército y les esperaban las cámaras de televisión para retransmitir el acontecimiento. En Bagdad fueron separados de sus hijos y esposas, las hijas de Sadam. Se refugiaron en casa de su padre en Takrit. Pocos días después, una partida encabezada por Ali el químico asaltó la casa y dio muerte a los hermanos, a su padre y a otros familiares directos. Ali Hassan al Majid vengaba así el supuesto honor mancillado de la familia y se aseguraba su permanencia en el poder tras la traición de los hermanos Al Majid. Los días siguientes incluso circuló el rumor de que también se había ordenado asesinar a los hijos de los dos hermanos, nietos de Sadam. La finalidad de los asesinatos parece clara: Sadam Husein demostró que ningún traidor escapaba de su ira y su venganza, pues él personificaba el poder absoluto; con el rumor sobre el supuesto asesinato de sus nietos manifestaba que ni sus familiares más directos constituían una excepción, aunque fueran víctimas inocentes de los crímenes cometidos por sus padres.

Pero, sin duda, donde Sadam Husein tenía más problemas para imponer su poder absoluto era en las provincias shiíes del sur y en las provincias kurdas del norte que, además, coincidían con las zonas de exclusión aérea, lo que le impedía utilizar la aviación para sofocar las posibles revueltas. Las dos regiones sufrieron importantes convulsiones a mediados de los noventa.

En el sur el régimen presentó un importante proyecto para construir un nuevo brazo de río en el gran estuario que forman el Tigris y el Éufrates con el fin de desecar las marismas. El proyecto perseguía unos objetivos económicos evidentes, ya que permitiría un mejor aprovechamiento energético y aumentaría la superficie cultivable. Pero además tenía unos objetivos políticos no menos evidentes: las marismas eran una zona que escapaba al control del gobierno y se habían convertido en el santuario de la resistencia shií y de los desertores del ejército. Así, pues, el régimen legitimó el programa en nombre de la seguridad y la modernización, y advirtió que el subdesarrollo de esta zona incontrolada era una amenaza a la identidad y al progreso de Irak. Ahora bien, que los habitantes de las marismas se hubieran adaptado al medio desde tiempo inmemorial y tuvieran unas particulares formas de vida y de organización social no justifica que «al mismo tiempo, el régimen no dudara en denigrar a las gentes de los pantanos, jugando con los prejuicios raciales y sectarios para persuadir a otros iraquíes de que éstas eran personas que no debían tenerse en cuenta y que debían ser dispersadas y destruidas sus comunidades» (Tripp, 2002).

Los trabajos de drenaje y desecación de las marismas duraron de 1991 a 1995 y fueron acompañados de constantes incursiones contra los habitantes de los pantanos, que se sublevaban al ver cómo sus pueblos eran progresivamente destruidos. Pronto tuvieron claro que no les quedaba otra salida que aceptar los nuevos asentamientos, donde les faltaban sus medios de vida, o exiliarse a Irán empujados por el ejército iraquí. El movimiento religioso y político shií acusó los efectos de esta nueva ofensiva y pagó muy caro su apoyo a las gentes de la zona, pues, en pocos años, diversos líderes religiosos fueron asesinados, a menudo junto con sus hijos y familias. El ejército iraquí ahoga en sangre cualquier nuevo intento de contestación shií. Posiblemente todos estos hechos están relacionados con la ampliación de la zona de exclusión aérea al sur del paralelo 33 en septiembre de 1996 y el atentado que dejó paralítico al hijo mayor de Sadam Husein, Uday, el 12 de diciembre del mismo año cuando circulaba en coche por Bagdad. Se responsabilizó del atentado al Partido Dawa, pero también se oyeron veladas acusaciones contra el hermano menor en lo que parecía una lucha encarnizada por el poder o el favor del padre.

No obstante, los acontecimientos más importantes tenían lugar en las provincias kurdas del norte del país. En el Kurdistán iraquí se había llegado de facto a la creación de una autonomía bajo la protección de Estados Unidos y otros aliados de la coalición y del programa de ayuda humanitaria de la ONU. En mayo de 1992 se celebraron elecciones. Cada uno de los dos partidos principales —el Partido Democrático del Kurdistán (PDK) de Masud Barzani, y la Unión Patriótica del Kurdistán (UPK) de Yalal Talabani— obtuvo casi el 50 % de los votos, que se correspondían con la población de sus respectivos feudos: el norte controlado por el PDK y el sur controlado por la UPK. Tras las elecciones se formó un gobierno autónomo que no pudo sustraerse a la tensión generada entre los dos partidos, que se disputaban el control del tráfico de petróleo de contrabando destinado a Turquía, ni a la injerencia de los países vecinos, muy reacios a aceptar un Estado federal kurdo independiente que favorecería y legitimaría las reivindicaciones de sus respectivas poblaciones kurdas. A finales de 1994 las disputas entre el PDK y la UPK, que también se enfrentaba a las milicias del Movimiento Islámico del Kurdistán, condujeron a la guerra civil: inicialmente, el PDK seguía controlando el norte y la UPK el sur y las principales ciudades (Arbil, Suleimaniya). En marzo de 1995, ante la indiferencia internacional y con el apoyo inicial del PDK, el ejército turco penetró en la zona de exclusión aérea del norte de Irak para destruir las bases del Partido de los Trabajadores del Kurdistán, que aglutina el movimiento nacional kurdo en Turquía. Era la primera de una serie de incursiones que tuvieron continuidad en 1997 y 1998.

En el verano de 1996, la guerra civil kurda dio un vuelco. Las tropas iraníes entraron en territorio iraquí con la excusa de estar persiguiendo a varias unidades del Movimiento por la Autonomía Kurda en Irán. El PDK acusó a la UPK de haber dado facilidades al ejército iraní y de tener su apoyo en la guerra civil que libraban. Luego decidió pedir ayuda a Bagdad, tras lo cual entró un ejército de 30.000 soldados en la región autónoma. Con su ayuda, el PDK conquistó en agosto Arbil y otras localidades importantes del territorio hasta entonces controlado por la UPK. Arbil se había convertido en la «capital libre» donde residían muchos miembros de la oposición al régimen: comunistas, islamistas, turcomanos, etcétera. Su conquista supuso la desmantelación de la infraestructura del Congreso Nacional Iraquí, lo que costó la vida a muchos de aquellos opositores y la precipitada huida de los agentes de la CIA. La respuesta de Estados Unidos y el Reino Unido fue la mencionada ampliación de la zona de exclusión aérea en el sur de Irak y el ataque a varios objetivos militares iraquíes. Dos meses más tarde era la UPK quien recuperaba posiciones, pero no Arbil, con ayuda iraní. Finalmente, ante el peligro de que Sadam Husein recuperara el control del Kurdistán iraquí, se impuso la mediación de Washington que condujo a los Acuerdos de Ankara de octubre de 1996. Las tensiones entre los dos principales partidos kurdos, que se acusaban mutuamente de traición, no habían desaparecido y en los meses posteriores todavía se produjeron algunos enfrentamientos y sucesivos altos el fuego. A pesar de todo, la guerra civil no volvió a prender y, en 1998, de nuevo con la mediación de Washington, Barzani y Talabani llegaron a un acuerdo para celebrar nuevas elecciones a la Asamblea Kurda, ensayar una nuevas estructuras federales y reconocer y respetar el carácter multiétnico y multicultural del Kurdistán iraquí, constituido por, entre otros, kurdos, turcomanos, asirios y caldeos.

En los años transcurridos desde la segunda guerra del Golfo se han producido muchos cambios en la situación de Irak. El Kurdistán prácticamente se ha independizado; los líderes de la oposición shií han sido eliminados u obligados a emprender el camino del exilio, y el resto de la oposición apenas tiene presencia en el interior del país; el nivel de vida de la población ha retrocedido tres décadas; las sanciones de la ONU siguen vigentes y los enfrentamientos entre los inspectores y el régimen se repiten periódicamente; la obsesión de la administración estadounidense por acabar con Sadam Husein sólo es comparable, hasta ahora, con su incapacidad para conseguirlo y con el empecinamiento en mantener unas sanciones y un embargo que castigan a la población iraquí y favorecen la consolidación del poder absoluto del presidente. Porque esto es precisamente lo único que no ha cambiado: la autoridad de Sadam Husein no sólo sigue incólumne sino que se ha acrecentado a golpes de represión y de agresiones exteriores. Y nada mejor para demostrarlo que unas elecciones presidenciales como las celebradas el 16 de octubre de 2002, en las que, oficialmente, participó el 100 % del electorado y Sadam Husein obtuvo el 100 % de los votos.

Sin embargo, pese a las apariencias, sí se ha modificado la estructura y la composición del poder. Faleh A. Jabar (2002) ha sintetizado con mucha claridad dichos cambios. Siguiendo el esquema que propone podemos afirmar que, desde el golpe de Estado de 1968, el régimen del Partido Baaz en Irak se asentaba sobre cuatro pilares: una ideología totalitaria; un partido único; el control de la economía (en otro tiempo llamada socialista), es decir, el control de las rentas del petróleo, y el control del ejército y los medios de comunicación. Tras la debacle de 1991 se produjo una crisis estructural que se manifestó, por lo menos, en cinco dimensiones fundamentales del sistema político anterior:

1. El Estado resultó sensiblemente debilitado y perdió, por lo tanto, capacidad como instrumento de gobierno. El ejército quedó reducido a una tercera parte del tamaño que tenía antes de la segunda guerra del Golfo y la cadena de mando era cuestionada por los motines locales que sacudían el Kurdistán y el sur de mayoría shií, sobre todo después de que los aliados instauraran las dos zonas de exclusión aérea. Además, tras la Intifada de 1991, los servicios de inteligencia perdieron gran cantidad de información y de personal cualificado.

2. El aparato del Partido Baaz, el instrumento de control ideológico, sufrió un desgaste similar: pasó del máximo de 1.800.000 militantes en 1990 a menos de la mitad en 1991 (décimo congreso), y sus efectivos se redujeron todavía más en 1996 (undécimo congreso) y en 2001 (duodécimo congreso). Las defecciones más importantes se habían producido en Bagdad y en las ciudades shiíes del centro (Hilla, Najaf, Kerbala) y del sur (Basora, Nasiriya). El partido único perdía así capacidad para gestionar el Estado y controlar la sociedad.

3. El embargo de la ONU privó al gobierno de los importantes recursos de que gozaba antes, a la vez que disminuía brutalmente la capacidad adquisitiva de la población iraquí: el producto interior bruto por habitante descendió a 1.036 dólares en 1992, a 485 dólares en 1993 y hoy se sitúa en algo más de 300 dólares. El régimen, obligado a aumentar los impuestos y a emitir más dinero, lo cual provocó una creciente inflación, perdió la capacidad de financiar la economía y de asegurar los servicios sociales mínimos.

4. Todo ello se tradujo en un declive de la clase media asalariada, que constituía la base social del Partido Baaz. La superinflación la ha arruinado: antes de la guerra, un dinar iraquí valía 3,10 dólares; hoy, un dólar vale 2.000 dinares, y llegó a costar 12.000. «Para sobrevivir, la gente se ha visto obligada a vender sus vestidos, sus muebles, sus libros, sus joyas e incluso los utensilios de la vida cotidiana. Las clases medias han perdido todas sus ilusiones [...]. Miles de iraquíes emigran a Jordania, a Europa o a Estados Unidos.»

5. El partido único, debilitado y sin referencias de legitimidad tras el colapso del comunismo en la URSS y la Europa del este, perdió su «legitimidad revolucionaria» y

se produjo un profundo divorcio entre el patriotismo popular y el nacionalismo oficial, especialmente, después de la brutal respuesta con que fue ahogada la Intifada del sur en 1991, que provocó un verdadero alud de deserciones. Las divisiones en el seno del ejército y del partido único son más profundas que nunca —se calcula que unos mil quinientos oficiales y un gran número de ex comisarios del partido han pedido asilo político en el extranjero—, mientras que la lucha tribal y de clanes por la supervivencia política se ha enconado hasta extremos desconocidos.

Para intentar hacer frente a todos estos desafíos, en la última década el régimen ha puesto en práctica una estrategia que Faleh A. Jabar (2002) resume en otros cinco puntos: poner orden en la principal casa tribal (la de Sadam Husein); reestructurar el ejército; resucitar las tribus en todo el país para que sustituyan a las organizaciones del partido; rejuvenecer el arsenal ideológico; poner en marcha nuevos mecanismos de control económico.

En el núcleo duro del poder, como ya hemos tenido ocasión de comprobar, el descalabro del clan paterno, provocado por la huida y posterior ejecución de los hermanos Al Majid, se ha compensado, en los últimos años, con el ascenso de otro primo paterno de Sadam Husein, Kamal Mustafá —su hermano Jamal se casó con la hija menor de Sadam—, que ha asumido el mando de la Guardia Republicana, verdadera guardia pretoriana del régimen. Paralelamente, Sadam ha confiado a su segundo hijo, Qusay, la tarea de reorganizar los servicios de seguridad y de inteligencia, y todo apunta que está siendo preparado para suceder a Sadam Husein, sobre todo después del atentado que incapacitó al impulsivo Uday. En mayo de 2000, fue elegido miembro de la Asamblea Nacional y, en abril de 2001, miembro de la dirección regional del Baaz, donde, efectivamente, fue presentado como el sucesor de Sadam. También es el encargado de sustituirle interinamente en la presidencia en caso de necesidad y, por delegación de su padre, parece que podría corresponderle la decisión de utilizar las armas de destrucción masiva en caso de conflicto. En definitiva, se está consolidando, al parecer, un nuevo núcleo duro de poder apoyado sobre estos dos hombres, Kamal Mustafá y Qusay Husein.

En los últimos años, como subraya Faleh A. Jabar (2002), el régimen se ha sostenido en diversas combinaciones del sistema tribal más que en el sistema político impulsado por la propaganda baazista en los primeros momentos —laicidad, socialismo y arabismo—. Por un lado, el tribalismo de Estado, que le permitía integrar los principales linajes tribales al aparato del Estado para dar soporte al linaje dominante y a la élite dirigente, debilitados tras la derrota de 1991 y la mala situación económica provocada por el embargo. Por otro lado, el tribalismo social, que consiste en hacer revivir, inventar o manipular una solidaridad tribal alimentada a través de las redes de parentesco y clientelismo que subsisten entre los habitantes del campo y los parientes que emigraron —hace una o hace varias generaciones— a las capitales de provincia. Por último, el Partido Baaz descubrió entre los kurdos el peso del tribalismo militar y explotó sus contradicciones, utilizando como mercenarios a algunos jefes tribales, para combatir al nacionalismo kurdo desde 1974.

La utilización del tribalismo de Estado y del tribalismo social dio lugar a una división del trabajo que permitía un mayor control social. Las élites tribales suníes estaban al cargo de la seguridad nacional, mientras los notables garantizaban, en el ámbito local, la fidelidad al régimen, la seguridad y el funcionamiento de la justicia y la policía, gracias al armamento ligero y los medios de transporte y comunicación que recibían. «En otras palabras, el renacimiento de las tribus en tanto que agentes sociales era fruto de la necesidad de llenar el vacío creado por la destrucción de las instituciones de la sociedad civil y por el declive del Estado en tanto que proveedor de seguridad y justicia, protector de vidas y de bienes. Las tribus, nuevamente resucitadas o inventadas, no operan, sin embargo, en su entorno natural, las zonas rurales, sino en las ciudades, lo que ha tenido por efecto el deterioro del tejido urbano y culto.»

Desde mediados de los noventa, el régimen ha tenido un nuevo elemento de subsistencia: las sanciones o, si se prefiere, el control de los recursos alimentarios surgido a raíz del programa Petróleo por Alimentos. La necesidad de obtener certificados para poder acceder a los cupos de racionamiento de alimentos básicos se ha convertido en una nueva maquinaria de control social que el régimen explota sin ningún disimulo. Así, en las elecciones presidenciales de 1995, el voto era obligatorio para toda aquella persona que quisiera dicho certificado. Resulta superfluo añadir que éste se niega sistemáticamente a todos los disidentes y sospechosos de desafección al régimen. Con razón se ha afirmado que «la población iraquí, literalmente secuestrada (tomada como rehén), ha sido finalmente la única víctima de las sanciones. En efecto, el embargo ha confortado al régimen en su papel de distribuidor exclusivo de las riquezas. Sadam Husein ha utilizado este papel para castigar a tal o cual región del país, organizando, paralelamente al bloqueo internacional, el del Kurdistán hasta septiembre de 1996, así como el de numerosas regiones en el centro y el sur de Irak. Absorbida por los esfuerzos cotidianos para sobrevivir, la población iraquí se ha replegado en las redes de solidaridad familiar y tribal, última protección cuando todo se derrumba alrededor de uno» (Luizard, 2002).

En definitiva, «esta mezcla de nacionalismo, tribalismo y sunismo [y las sanciones en la última década] han permitido al poder perdurar y, hasta el momento, superar todos los obstáculos que lo amenazaban. Sin embargo, en caso de que Estados Unidos invada el país, nadie puede decir cuál será la herencia de una política como ésta» (Jabar, 2002).

Y, en eso, llegaron los brutales atentados del 11 de septiembre y reapareció la obsesión de algunos miembros de la Administración republicana del presidente George W. Bush por aprovechar la guerra contra el terrorismo para acabar con el régimen de Sadam Husein con o sin amparo de la ONU, con o sin pruebas de que Irak alberga de nuevo armas de destrucción masiva. Paul Wolfowitz, subsecretario de Defensa, Dick Cheney, vicepresidente, y Donald H. Rumsfeld, secretario de Defensa, cabalgaban de nuevo. Los dos últimos pusieron menos entusiasmo inicialmente, pero tras la campaña de Afganistán, se enardecieron. En cualquier caso, Sadam Husein estaba bajo su punto de mira. Hay que significar que «Wolfowitz expresaba los puntos de vista de un grupo declaradamente conservador del aparato de Seguridad Nacional de Washington, muchos de cuyos componentes eran veteranos de la Administración Reagan y Bush padre. Estos hombres consideraban que no había mayor amenaza en el mundo que el presidente iraquí, Sadam Husein, y sostenían que si el presidente pretendía de verdad perseguir a quienes dieran cobijo a los terroristas, Husein debía estar entre los primeros de la lista» (Woodward, 2003).

Se denomina *armas de destrucción masiva* al armamento químico, biológico o nuclear capaz de provocar graves daños con una pequeña cantidad del mismo y unos costes relativamente reducidos en comparación a los que se necesitarían para causar una destrucción similar con armas convencionales. Así, «las armas biológicas tienen un potencial tan mortífero como las bombas nucleares. Por ejemplo, cien kilos de ántrax —cantidad menor a la producida por Irak— podrían matar hasta tres millones de personas si se diseminasen en condiciones óptimas. Comparada con esto, una bomba de fisión nuclear del tipo de la que se lanzó en Hiroshima, cuyo rendimiento es de 12.500 toneladas de trilita [el equivalente en armas convencionales], mataría a lo sumo ochenta mil personas, mientras que una bomba más poderosa como la de hidrógeno, capaz de producir un millón de toneladas de trilita [de nuevo el equivalente en armas convencionales], causaría entre seiscientas mil y dos millones de muertes» (Stern, 2001).

Las armas de destrucción masiva tienen una serie de características que las hacen especialmente terribles y su uso provoca un miedo que supera su capacidad de destrucción. Son, pues, en cierta medida, armas que tienen efectos psicológicos, y la amenaza de su uso produce efectos desmoralizantes sobre la población. Ampliando algunos de los rasgos con los que Jessica Stern ha definido este tipo de armas, podemos resumir sus principales características en seis puntos:

1. Son, como ya se ha indicado, *intrínsecamente aterradoras*, porque, a menudo, el temor que inspiran es mayor que el daño que pueden causar.

2. Son *intrínsecamente no discriminatorias*, es decir, una vez lanzadas no distinguen entre víctimas militares y víctimas civiles, mientras que las armas convencionales permiten un uso discriminado y pueden dirigirse sólo hacia objetivos militares (en realidad, también las armas químicas se pueden utilizar de forma discriminada en una guerra estática de frentes, como sucedió en la primera guerra mundial). Es más, por lo general, su objetivo es castigar a la población civil para provocar la desmoralización del contrario. Éste es el uso que se dio a las armas químicas en la guerra Irak-Irán y en el bombardeo de poblaciones kurdas iraquíes.

3. Sus efectos son *intrínsecamente aleatorios*, ya que, dependiendo de las condiciones meteorológicas o del terreno, sus efectos pueden afectar a poblaciones alejadas de las zonas bombardeadas o no implicadas en el conflicto, incluso pueden volverse en contra de quien las lanzó.

4. Son *intrínsecamente baratas*, pues su coste, excepto el de las armas nucleares, que exigen un proceso previo de investigación y de infraestructura tecnológica muy costoso, es muy reducido en relación con los efectos que producen. De hecho, algunas armas químicas pueden ob-

tenerse en procesos similares a los de fabricación de fertilizantes, insecticidas u otros productos de uso civil. De ahí que, en ocasiones, se haya aludido a las armas químicas y biológicas como la bomba nuclear de los países pobres.

5. Son *intrínsecamente limpias*, ya que, excepto las armas nucleares, no producen daños materiales en edificios civiles o militares, máquinas, etcétera. Sus efectos, en función de los productos químicos o biológicos usados, se reducen a matar personas, animales o plantas.

6. Contrariamente a lo que cree la gente, y a diferencia de lo que sucede con las armas convencionales y nucleares, los efectos que tienen en las víctimas son fácilmente reversibles si se conocen los antídotos y el tratamiento adecuado y si se está en disposición de distribuirlos o administrarlos de manera eficiente en un tiempo prudencial.

Los agentes químicos pueden ser de distintos tipos, aunque los más usados en la guerra química son los gases asfixiantes o incapacitantes, como el cloro y el fosgeno; los que afectan a la sangre, como el cianuro de hidrógeno y el cloruro cianógeno; los que tienen un efecto abrasador o eruptivo, como el gas mostaza y la leusita, y los que actúan sobre el sistema nervioso, como el tabún, el sarín, el soman y los agentes V.

Por otro lado, en la fabricación de armas biológicas se usan bacterias, que causan enfermedades o infecciones, por ejemplo el ántrax (como también se conoce la enfermedad denominada *carbunco*) o la peste bubónica, y que tienen vida propia y pueden sobrevivir indefinidamente fuera del cuerpo del huésped; virus, que a menudo no pueden vivir largo tiempo fuera del cuerpo del huésped

CARACTERÍSTICAS DE LOS AGENTES QUÍMICOS Y BIOLÓGICOS

Agentes químicos

Toxicidad: las dosis letales se consiguen con cantidades muy pequeñas (milésimas de gramo).

Velocidad de acción: pueden matar en pocos minutos.

Especificidad: afectan a todos los seres vivos.

Posibilidad de control: son muy difíciles de controlar, porque sus efectos y expansión dependen de las condiciones meteorológicas y de las características del terreno.

Efectos residuales: los más volátiles pueden difundirse en pocos minutos; los efectos de los menos volátiles (gas mostaza, agente VX) pueden persistir varios días o incluso más si penetran en el subsuelo.

Agentes biológicos

Toxicidad: las dosis letales se consiguen con cantidades muy pequeñas (microgramos para las toxinas y cantidades menores para el resto).

Velocidad de acción: como necesitan reproducirse en los tejidos del cuerpo del huésped, su incubación puede durar días (de dos a cinco para el ántrax, la peste neumónica o la encefalitis) o semanas (fiebre Q —riquetsias—, fiebre amarilla y ébola) y los efectos de la contaminación no aparecer hasta pasado un tiempo. En el caso de las toxinas, el período de incubación puede ser sólo de unas horas.

Especificidad: afectan exclusivamente a personas o a determinados animales o plantas.

Posibilidad de control: son muy difíciles de controlar, porque sus efectos y expansión dependen de las condiciones meteorológicas y de las características del terreno. Además, las personas y los animales pueden contagiar a otras personas o animales, incluso si se desplazan.

Efectos residuales: no acostumbran a sobrevivir mucho tiempo en el aire, aunque las esporas de ántrax pueden resistir años enquistadas en diversos materiales.

Fuente: reelaboración de la información facilitada por Stern (2001, pp. 46-47, 50, 234-235, 237).

y que utilizan los tejidos de éste para reproducirse y extender enfermedades o infecciones como la encefalitis o la peste amarilla; hongos, que se suelen utilizar para transmitir plagas en los cultivos pero que también pueden afectar a las personas; organismos parasitarios (riquetsias), que causan diversas enfermedades muy contagiosas y son resistentes al aire, de ahí que tengan gran utilidad como armas de guerra, y toxinas, sin capacidad de reproducirse porque son compuestos químicos generados por organismos vivos, pero altamente venenosos, como el botulismo o la ricina.

El informe *Iraq. Del miedo a la libertad*, elaborado por el Departamento de Estado de Estados Unidos (diciembre de 2002), enumera y resume las características de los principales agentes químicos y biológicos que, según afirma este país, ha elaborado o almacenado Irak:

«Principales agentes utilizados en la fabricación de armas químicas:

»1. Mostaza. Un agente líquido del que emana un vapor peligroso, que causa quemaduras y ampollas en la piel expuesta al mismo. Cuando se lo inhala, el gas mostaza daña las vías respiratorias; cuando se lo ingiere, causa vómito y diarrea. Ataca y daña los ojos, las membranas mucosas, los pulmones, la piel y los órganos que generan [los componentes celulares de la] sangre. Iraq usó gas mostaza numerosas veces entre 1983 y 1988. Causa los más graves efectos a largo plazo, porque el gas mostaza es cancerígeno y causa mutaciones en los genes; no hay antídoto.

»2. Tabún. Agente neurotóxico líquido incoloro o ligeramente marrón, no persistente, similar a un pesticida.

Dependiendo de la exposición al mismo, las reacciones incluyen obstrucción de la visión, dificultad para respirar, contracciones musculares, sudor, vómitos, diarrea, coma, convulsiones y paralización de la respiración que causa la muerte. Se lo ha usado en la fabricación de armas que han sido empleadas por el régimen iraquí actual.

»3. Cianuro. Agente químico sumamente venenoso que, al ser inhalado, ingerido o entrar en contacto con la piel, afecta el uso de oxígeno por el cuerpo. Las reacciones incluyen dificultad para respirar, convulsiones, coma y posiblemente muerte.

»4. Sarín. Agente neurotóxico en forma de líquido incoloro o vapor que, dependiendo del grado de exposición, puede causar obstrucción de la visión, dificultad para respirar, contracciones musculares, sudor, vómitos, diarrea, coma, convulsiones y paralización de la respiración que causa la muerte. Una exposición alta puede ser letal, como ocurrió con el ataque de Aum Shinrikyo con gas sarín en el sistema de tren subterráneo de Tokio en 1995. Iraq ha reconocido que produjo entre 100 a 150 toneladas métricas de sarín y que lo ha usado para fabricar armas como proyectiles de artillería cargados con sarín, cohetes de calibre de 122 milímetros y bombas aéreas.

»5. VX. Líquido aceitoso persistente, claro e inodoro al que se considera entre las sustancias más tóxicas que jamás se hayan producido. El VX en el aire puede matar en cuestión de minutos, pero su principal vía es por absorción a través de la piel. Las reacciones incluyen obstrucción de la visión, dificultad para respirar, contracciones musculares, sudor, vómitos, diarrea, coma, convulsiones y paralización de la respiración que causa la muerte. El régimen iraquí trató enérgicamente de ocultar la extensión de sus depósitos de VX a los inspectores de las Naciones Unidas.

Produjo alrededor de cuatro toneladas de VX entre 1988 y 1990. En 1998 los inspectores de armas de las Naciones Unidas descubrieron pruebas de existencia de VX en ojivas de misiles iraquíes.

»Principales agentes utilizados en la fabricación de armas biológicas:

»1. Ántrax. Bacteria cuya inhalación produce una enfermedad parecida a la influenza o gripe con fiebre, fatiga, tos crónica y molestia pectoral, todo lo cual dura de dos a tres días. Las reacciones posteriores pueden parecerse a la neumonía, con dificultades respiratorias, estado de shock y meningitis, lo que lleva a la muerte en 24 a 36 horas si no se las trata. La forma cutánea del ántrax conduce a la formación de úlceras necróticas en la piel e hinchazón de los ganglios linfáticos. Iraq ha producido cantidades sustanciales de ántrax y ha realizado pruebas y fabricado armas, tanto bombas aéreas como cohetes de calibre de 122 milímetros.

»2. Ricina. Proteína venenosa, extraída de las semillas del ricino, que causa fiebre, opresión pectoral, tos, náuseas, hipotermia y edema pulmonar. La muerte ocurre con frecuencia por fallo cardiaco. Iraq ha producido por lo menos 10 litros de ricina y la ha probado en proyectiles de artillería. Una cantidad muy pequeña puede causar la muerte.

»3. Neurotoxina botulínica. Un veneno muy potente que causa parálisis muscular y muerte. Iraq realizó pruebas de campo, pruebas con armas y lanzamiento de cohetes cargados con toxina botulínica entre marzo de 1988 y mayo de 1990, y cargó 100 bombas y 16 ojivas de misiles con la toxina para usarlos durante la guerra del golfo Pérsico.

»4. Aflatoxina. Toxina producida por el hongo *Aspergillus* que crece en granos almacenados, maníes y otros productos alimenticios. Sus químicos son potentes agentes cancerígenos. Como tales, los efectos de las toxinas no se pueden detectar en las víctimas durante muchos años. Iraq ha fabricado por lo menos 2.200 litros de aflatoxina concentrada y la cargó en ojivas de misiles y bombas aéreas.

»5. Toxina de *Clostridium perfringens*. También conocida como gas de la gangrena. Es una toxina producida por la bacteria *Clostridium perfringens*. Al inhalársela como aerosol causa severos daños a los pulmones, que causan un edema pulmonar y detención de la respiración. Al ser absorbida por el cuerpo, causa la destrucción de glóbulos rojos y daños al hígado. Iraq ha declarado que ha producido 3.400 litros de gas de la gangrena, aunque la UNSCOM no ha podido confirmar las cantidades.»

Por último, queda hablar de los agentes radiactivos y las armas nucleares. Los primeros, basados en la diseminación de isótopos radiactivos, tienen poca utilidad militar porque son difíciles de almacenar y sus efectos pueden no manifestarse en un organismo hasta meses o años después de haber estado expuesto a su radiación. Sin embargo, se ha descubierto que tienen una utilidad secundaria capaz de revolucionar la tecnología militar. Es el caso del uranio empobrecido, U-238, producido en grandes cantidades como material de desecho en la fabricación de uranio altamente enriquecido, de aplicación militar directa en la fabricación de bombas atómicas. Como señala Siegwart-Horst Günther (en Varea y Maestro, 1997), el uranio empobrecido «es el elemento natural más pesado que puede encontrarse en la tierra [...]. Debido a su densidad, los proyectiles con cabezas de uranio (posiblemente, de tecnología alemana) tienen un poder de penetración muy alto. El uranio empobrecido es el material más adecuado para la fabricación de proyectiles perforantes que atraviesen el acero blindado. Además, es un material pirofórico natural, es decir, que se inflama al contacto con el aire: después de penetrar se produce tanto calor en el punto de salida que las partículas de uranio empobrecido arden. Por ejemplo, si alcanza a un tanque, éste estalla generando productos altamente tóxicos y radioactivos».

El ejército de Estados Unidos probó este tipo de armas en la guerra del Golfo y la OTAN, en Kosovo. Concretamente, dispararon proyectiles tratados con uranio empobrecido. Después de la guerra, el denominado *síndrome de la guerra del Golfo* (SGG) dio la alarma. Oficialmente hay 18.495 veteranos estadounidenses afectados —no obstante, algunas asociaciones independientes dan cifras próximas a los 100.000 afectados y, recientemente, William Rivers Pitt, citando fuentes oficiosas del gobierno, ha elevado el número a 160.000— más varios miles de veteranos británicos y algunos canadienses y franceses. Los síntomas del SGG son múltiples, pero los más comunes consisten en dolor de cabeza, de garganta y de las articulaciones; fatiga crónica; pérdida de memoria, del equilibrio, de visión y de resistencia a las infecciones; diarrea, náuseas, vómitos y problemas gastrointestinales; espasmos musculares y calambres; perturbación del sueño y sudores nocturnos; trastornos respiratorios y tos; dificultades de concentración, mareos y vértigos, y erupciones cutáneas. Algunos de los síntomas tardan unos meses en desarrollarse, mientras que otros, el 40 %, se manifiestan tras un período de incubación superior a un año. También hay quien cree que el SGG está relacionado con una mayor incidencia de enfermedades como el cáncer o la leucemia y el nacimiento de niños con defectos y malformaciones.

El International Action Center, una organización de defensa de los derechos de los ciudadanos y de las minorías, ha denunciado la utilización de 14.000 proyectiles de gran calibre (de 105 a 120 mm) y 94.000 de calibre pequeño (de 25 a 30 mm) con uranio empobrecido. Esto significaría que se han esparcido por Kuwait, Arabia Saudí e Irak entre 300 y 800 toneladas de uranio empobrecido (Depleted Uranium Education Project, 1997). El propio ejército de Estados Unidos ha reconocido que «durante la Guerra del Golfo sus fuerzas dispararon cerca de 14.000 obuses de gran calibre de uranio empobrecido. Según estimaciones de la Agencia Británica de Energía Atómica se esparcieron en torno a 40 toneladas de este tipo de munición en la frontera entre Irak y Kuwait. Otros expertos aseguran que aún hay 300 toneladas de esos obuses. Sólo se han detectado un 10 % de dichos proyectiles; la mayor parte está esparcida y cubierta con arena, o profundamente enterrada en tierra» (Siegwart-Horst Günther en Varea y Maestro, 1997). El corresponsal para el Oriente Medio del periódico británico *The Independent*, Robert Fisk, también denunció la utilización de proyectiles con uranio empobrecido por parte de los ejércitos del Reino Unido y de Estados Unidos en la guerra contra Irak de 1991 y por parte de la OTAN en Kosovo. Había observado que en Irak, en los alrededores de Basora, meses más tarde nacieron niños sin brazos, sin nariz, sin ojos o con tumores. También vio soldados iraquíes que padecían los mismos síntomas del SGG que los soldados estadounidenses y británicos. Además se estaban dando casos de cánceres inexplicables, añade Fisk, entre iraquíes refugiados en Irán que fueron bombardeados cuando transitaban por el norte de Kuwait y entre los veteranos estadounidenses y británicos.

La polémica sigue abierta. Washington y Londres no admiten que haya pruebas concluyentes de que el SGG sea consecuencia de la utilización de proyectiles con uranio empobrecido. Lo que ya nadie parece negar es la enfermedad. El gobierno de Estados Unidos ha puesto en marcha proyectos de investigación, centros de información y asistencia médica para los veteranos de la guerra del Golfo y una página web (www.va.gov/gulfwar) con artículos, documentación, direcciones útiles e información actualizada sobre la enfermedad. En marzo de 2000 todavía no se había encontrado una respuesta científica a la cuestión de las causas del SGG y, en consecuencia, se estaban estudiando, por decisión del gobierno y con fondos federales, todos los agentes que pudieran haber producido la enfermedad en los veteranos de la guerra del Golfo, entre ellos, el uranio empobrecido. En definitiva, el SGG ha adquirido tal magnitud que los altos responsables del ejército de Estados Unidos están bajo sospecha por disparar contra soldados iraquíes proyectiles con uranio empobrecido —en cierta medida, una variante de las armas de destrucción masiva, justamente la base de las acusaciones del presidente Bush contra Irak— que acabaron por afectar también a sus propios soldados.

Las armas basadas en la fisión nuclear son, indudablemente, las que requieren una mayor capacidad tecnológica, más recursos económicos y más infraestructura. Se precisa también el material fisible adecuado, que son isótopos capaces de absorber neutrones lentos al chocar con otros núcleos y de escindirse en dos núcleos más ligeros liberando neutrones y una gran cantidad de energía.

EXTRACTOS DE *UN INFORME PARA LOS VETERANOS*

Un pequeño número de los 700.000 soldados norteamericanos que sirvieron en las operaciones «Desert Shield» (Escudo del Desierto) y «Desert Storm» (Tormenta del Desierto) padecen problemas de salud que los mejores médicos todavía no han podido diagnosticar. Para ayudar a estos veteranos, el presidente Clinton designó al VA (Asuntos de Veteranos) como la agencia del gobierno encargada de todas las investigaciones de los posibles efectos adversos para la salud resultantes del servicio militar en la Guerra del Golfo.

Se han autorizado alrededor de 145 estudios relacionados con la Guerra del Golfo financiados por el gobierno federal. Se están gastando más de 133 millones de dólares en estos proyectos de investigación que incluyen una gran variedad de organismos del gobierno. El alcance de estas investigaciones es muy amplio, abarcando desde pequeños estudios de carácter experimental hasta estudios epidemiológicos en gran escala de grandes poblaciones, así como importantes programas de investigación y académicos en centros médicos.

En 1994 el VA estableció tres centros de investigación para concentrarse en estudios científicos relacionados con la manera en que los peligros ambientales y tóxicos pueden afectar a la salud humana, especialmente la de militares veteranos [...]. Los centros están buscando repuestas científicas a muchas de las preguntas que plantearon los veteranos de la Guerra del Golfo y sus familias. Los tres primeros están situados en centros médicos del VA en Boston, Massachusetts; East Orange, Nueva Jersey; Portland, Oregón. En 1996 el VA abrió el cuarto centro, en Louisville, Kentucky.

• El Centro de Boston está haciendo investigaciones de las funciones cognitiva y de la memoria, del sistema nervioso, del sistema inmunológico, de la función pulmonar y de la incidencia del cáncer. También estudia la manera en que las experiencias sufridas en campaña pueden estar relacionadas con problemas de salud como la fatiga crónica, la hipersensibilidad a sustancias químicas y el trastorno de estrés postraumático.

• Los investigadores del Centro de Nueva Jersey están examinando los tipos de problemas de salud manifestados por algunos veteranos de la Guerra del Golfo y los factores que determinan cómo se desarrollan o empeoran. Estos investigadores se interesan particularmente en evaluar la sensibilidad a sustancias químicas y el síndrome de fatiga crónica entre los veteranos.

- El Centro de Portland está trabajando en una definición de las enfermedades inexplicadas notificadas por algunos veteranos de la Guerra del Golfo, y tratando de encontrar tratamientos eficaces para éstos. El Centro está realizando estudios para identificar las exposiciones ambientales o los factores de riesgo que puedan estar relacionados con las enfermedades inexplicadas. Los investigadores están seleccionando a veteranos para establecer marcadores médicos, químicos y biológicos que puedan revelar algún tipo de exposición y enfermedades. También están viendo cómo esos agentes químicos pueden afectar al cerebro y al sistema nervioso, incluidos los posibles efectos del tratamiento previo del agente nervioso bromuro de piridostimina, así como de los pesticidas.
- El Centro de Louisville fue establecido para investigar los posibles efectos adversos del servicio militar sobre la salud reproductiva. La meta del Centro es determinar si la exposición a diversas sustancias nocivas afecta a la capacidad reproductiva y produce malformaciones congénitas en los hijos de veteranos.

El segundo ensayo de tratamiento, que incluirá a más de 400 voluntarios, determinará si [hay] un antibiótico eficaz para tratar las enfermedades notificadas por los veteranos de la Guerra del Golfo [...]. Para poder participar en este estudio, los veteranos deben haber sufrido por seis meses o nuts [combinaciones] de por lo menos dos de los tres síntomas, o sea, de fatiga, dolores musculares y de las articulaciones o problemas de memoria y pensamiento. Además, un análisis debe demostrar que tienen una infección de mycoplasma.

Por no haberse encontrado un solo diagnóstico fácilmente identificado que explique los problemas de salud sufridos por algunos veteranos de la Guerra del Golfo, hay muchas preguntas científicas que se están investigando intensa y exhaustivamente. Se están estudiando todas las posibles causas, incluyendo, pero sin limitarse a ellas, los incendios de los pozos petrolíferos, las vacunas, el mycoplasma y otras infecciones, los agentes químicos, los pesticidas, las microondas, el uranio empobrecido, el tratamiento previo del agente neurotóxico bromuro de piridestrignina, y los agentes de guerra química y biológica, y se les está dando una cuidadosa consideración científica.

Fuente: US. Departamento de Asuntos de Veteranos (2000).

Además se produce una reacción en cadena, ya que se liberan más neutrones de los que se absorben. Si se mantiene esta reacción en cadena el tiempo suficiente se producirá una explosión nuclear. Es necesaria una determinada masa crítica de material fisible para que se produzca la explosión (masa supercrítica), por debajo de la cual la reacción en cadena se extingue sin que haya explosión nuclear (masa subcrítica).

Los materiales fisibles más adecuados para obtener una explosión nuclear son dos isótopos del uranio y el plutonio: el U-235 y el Pu-239. El primero se encuentra en estado natural en los yacimientos de uranio, pero en una proporción de sólo el 0,7 %. Por eso, para fabricar una bomba atómica con una masa crítica manejable (25 kilos), hay que preparar uranio altamente enriquecido, es decir, uranio que contenga un 90 % de U-235. El plutonio se obtiene en laboratorios, ya que no se encuentra en estado natural. Basta una cantidad más pequeña (8 kilos) para fabricar una bomba atómica.

No resulta fácil obtener estos productos con fines militares: se requiere un trabajo de laboratorio que no todos los países están en disposición de llevar a cabo sin apoyo tecnológico de naciones más desarrolladas. Es más, haberlos obtenido —Irak compró reactores nucleares a Francia en 1976— no significa estar ya en posesión de la bomba nuclear. Para ello hay que disponer de la tecnología necesaria para convertir la masa subcrítica en masa supercrítica en el interior de la bomba pocos momentos antes de la explosión, ya sea por el método del disparador en serie —es decir, disparar simultáneamente dos masas subcríticas que al chocar den lugar a una masa supercrítica—, que sólo puede hacerse con uranio altamente enriquecido, o por el método de la implosión

—o sea, rodear la masa subcrítica con explosivos químicos de tal manera que al estallar conjuntamente la compriman de modo que la presión la convierta en una masa supercrítica.

Ninguno de estos métodos es sencillo, y ponerlos en práctica exige una gran precisión tecnológica que no puede adquirirse fácilmente ni en poco tiempo.

El desenlace de la segunda guerra del Golfo supuso la retirada de las tropas iraquíes de Kuwait y el mantenimiento de las sanciones hasta que Bagdad no cumpliera una serie de requisitos fijados por la ONU. Así, el 3 de abril de 1991, el Consejo de Seguridad aprobó la resolución 687 que fijaba las condiciones definitivas del alto el fuego, obligaba a Irak a destruir todas las armas de destrucción masiva y los misiles de largo alcance (más de 150 kilómetros), le prohibía construir más en el futuro y establecía la formación de una Comisión Especial de la ONU (UNSCOM), que, en cooperación con la Agencia Internacional de la Energía Atómica, supervisaría el cumplimiento de la resolución.

En los doce años transcurridos desde la aprobación de la resolución 687, las relaciones entre Irak y la ONU y entre Irak y Estados Unidos, que ha asumido el papel de garante del cumplimiento de las resoluciones, han pasado por diversas vicisitudes que tuvieron su punto culminante en la retirada de los inspectores a finales de 1998 y en la situación vivida desde el verano de 2002.

Todas estas incidencias pueden seguirse en la Cronología al final del libro; ahora nos centraremos en la cuestión básica: ¿ha cumplido Irak con las resoluciones de la ONU que le obligaban a eliminar y no fabricar más armas de destrucción masiva? ¿Dispone Irak de este tipo de armas?

EXTRACTO DE LA RESOLUCIÓN 687 DEL CONSEJO DE SEGURIDAD DE LA ONU

8. **Decide** que Irak deberá aceptar incondicionalmente la destrucción, remoción o neutralización, bajo supervisión internacional, de:

a) Todas las armas químicas y biológicas, todas las existencias de agentes y de todos los subsistemas y componentes conexos y todas las instalaciones de investigación, desarrollo, apoyo y fabricación.

b) Todos los misiles balísticos con un alcance de más de 150 kilómetros y las principales partes conexas, así como las instalaciones de reparación y producción.

9. **Decide** para la aplicación del párrafo 8 supra, lo siguiente:

a) Que Irak deberá presentar al Secretario General, dentro del plazo de quince días [...], una declaración sobre el lugar de emplazamiento, la cantidad y el tipo de todos los elementos especificados en el párrafo 8, y deberá acceder a que se realice una inspección urgente sobre el terreno como se especifica a continuación.

b) Que el Secretario General [...] presente al Consejo para su aprobación, dentro del plazo de cuarenta y cinco días [...], un plan para la finalización de las siguientes actividades [...]:

I) El establecimiento de una Comisión Especial que realice una inspección inmediata sobre el terreno del potencial de Irak en materias de armas biológicas y químicas y misiles, sobre la base de la declaración de Irak y de la designación de otros lugares por la propia Comisión Especial.

II) La entrega por Irak a la Comisión Especial, para su destrucción, remoción o neutralización [...] de todos los elementos que se indican en el inciso a) del párrafo 8 supra, incluidos los elementos que se encuentren en otros lugares designados por la Comisión Especial [...] y la destrucción por Irak, bajo la supervisión de la Comisión Especial, de todo su potencial de misiles, incluidos los lanzamisiles [...].

10. **Decide** que Irak deberá comprometerse incondicionalmente a no utilizar, desarrollar, construir ni adquirir los elementos especificados en los párrafos 8 y 9 supra y pide al Secretario General que [...] elabore un plan para la vigilancia y verificación permanentes en el futuro del cumplimiento por Irak de las disposiciones del presente párrafo [...].

> 11. **Invita** a Irak a reafirmar incondicionalmente [...] el Trata-
> do sobre la No Proliferación de Armas Nucleares, del primero de
> julio de 1968.
>   12. **Decide** que Irak deberá acceder incondicionalmente a no
> adquirir ni desarrollar armas nucleares ni material que pueda uti-
> lizarse para armas nucleares, ni subsistemas, componentes o ins-
> talaciones de investigación, desarrollo, apoyo o fabricación rela-
> cionados con esos elementos; a presentar al Secretario General y
> al Director General de la Agencia Internacional de la Energía, den-
> tro del plazo de quince días [...], una declaración sobre el lugar de
> emplazamiento, la cantidad y el tipo de todos los elementos es-
> pecificados anteriormente; a colocar todo su material utilizable
> para armas nucleares bajo el control exclusivo de la Agencia Inter-
> nacional de la Energía Atómica, que se ocupará de su custodia y
> remoción [...]; a aceptar [...] la inspección urgente in situ y la des-
> trucción, remoción o neutralización de todos los elementos espe-
> cificados anteriormente; y a aceptar el plan [...] para la vigilancia
> y verificación permanentes en el futuro del cumplimiento de estos
> compromisos.

Fuente: Varea y Maestro (1997, pp. 210-212).

Un breve repaso de la historia de los programas iraquíes de fabricación de armas de destrucción masiva nos
muestra que los distintos proyectos —de armas químicas,
biológicas y nucleares— empezaron a desarrollarse de
forma casi simultánea, entre finales de los sesenta y principios de los setenta, coincidiendo con la llegada de Sadam Husein al poder. En capítulos precedentes se ha visto cómo —primero con la ayuda soviética y, a mediados
de los setenta, con ayuda francesa— se construía el Centro Nuclear de Osirak, también denominado de Al Tu-
waitha, destruido por la aviación israelí en 1981 y posteriormente reconstruido —de nuevo con la ayuda y el
asesoramiento de Francia. Asimismo, la apertura comercial a los países occidentales permitió a Irak importar los

componentes básicos para establecer una industria de armas químicas y biológicas: adquisición de los planos y de las distintas secciones de la primera planta química, que luego fue ensamblada en Irak con la colaboración de empresas de Estados Unidos, Italia y las dos Alemanias; compra de productos básicos, como cepas de ántrax, cólera, tifus y botulismo, procedentes de diversos países occidentales, entre ellos, Estados Unidos; firma de un contrato en 1981 con Thyssen Rheinstahl Technik para construir una planta de producción de gases tóxicos, especialmente tabún y sarín; entrega, en 1989, por parte de Estados Unidos de bombas aspirantes para una planta nuclear, cepas de bacterias y cientos de toneladas de sarín sin refinar. Todo ello es bien conocido, como lo es también la actitud displicente adoptada por los países occidentales cuando Irak utilizó armas químicas contra Irán y contra su propia población kurda. Por último, sabemos que a principios de los ochenta Irak compró uranio natural a Brasil, Portugal, Italia y Níger con el fin de obtener uranio altamente enriquecido y plutonio, y que, a finales de la década, comenzó a producir ántrax, neurotoxina botulínica y otros agentes tóxicos en grandes cantidades.

Tras las inspecciones de la UNSCOM, que desde 1995 contaron con la información facilitada por Husein Kamel Al Majid, ex ministro de Industrialización Militar y de Defensa, Irak reconoció haber producido diversos agentes químicos —2.850 toneladas de gas mostaza, 210 de tabún, 790 de sarín y casi cuatro de agente VX— y biológicos —19.000 litros de neurotoxina botulínica, 8.500 de ántrax, 2.200 de aflatoxina y 340 de *Clostridium perfringens*. También reconoció haber realizado ensayos con proyectiles y bombas cargados con algunos de esos agentes, pero afirmó que este armamento había sido destruido por los bombardeos de la coalición o por el propio gobierno iraquí tras la guerra en aplicación de las resoluciones de la ONU. Por otro lado, los bombardeos desmantelaron las distintas plantas relacionadas con la industria nuclear (después de la invasión de Kuwait, Francia y la URSS todavía suministraron uranio altamente enriquecido a Irak). Además, los inspectores de la UNSCOM aniquilaron 28.000 proyectiles y elementos de artillería con carga química (Stern, 2001).

En consecuencia, un primer balance procedente de distintas fuentes recopiladas por Stern (2001) indica lo siguiente:

1. Que la aviación de la coalición identificó ocho objetivos nucleares: cinco fueron destruidos, dos quedaron dañados y uno quedó intacto. Después de la guerra, los inspectores de la AIEA descubrieron veintiuna instalaciones nucleares y procedieron a su inutilización.

2. Que la aviación de la coalición incapacitó dos plantas de producción de agentes biológicos, pero que tres más quedaron intactas.

3. Que en los dos primeros años de actuación, los inspectores de la UNSCOM procedieron a la destrucción de 480.000 litros de agentes químicos, de 1,8 millones de litros de compuestos intermedios y de 28.000 pertrechos químicos. No se descarta que Irak pueda tener armas químicas de tecnología más avanzada y reservas del agente tóxico VX no descubiertas. Estados Unidos cree que todavía pueden existir unas cien estaciones de armas químicas.

4. Los inspectores de la UNSCOM no pudieron saber qué había sucedido con las toneladas de cultivos y cepas importadas a finales de la década de los ochenta. Dado que los equipos más importantes de la planta de Salman

Park fueron trasladados y ocultados, por tanto, no fueron destruidos por los bombardeos, no puede descartarse que Irak haya producido algunas cantidades de agentes tóxicos como el ántrax. La UNSCOM estima que, en 1997, Irak estaba en condiciones de producir unos trescientos cincuenta litros de ántrax por semana, y Estados Unidos también cree que todavía pueden existir unas cien estaciones de armas biológicas.

Por su parte, Aburish (2001) opina que la mayoría de armas de destrucción masiva han sido destruidas: según sus fuentes, se trataría de 150 misiles Scud; 691 armas químicas; 28.000 unidades de municiones químicas; 19.000 litros de toxina botulínica; 8.000 litros de ántrax concentrado, y 32 establecimientos dedicados a la fabricación de armas químicas y biológicas así como algunos otros dedicados a la producción de diversos agentes químicos y biológicos, uranio para armamento, supercañones, etcétera.

En el informe que el primer ministro Tony Blair presentó al Parlamento británico el 24 de septiembre de 2002, se afirma que el régimen iraquí «continúa desarrollando armas de destrucción masiva» y que está en disposición de construir un arma nuclear en un corto espacio de tiempo. A modo de conclusión, en el resumen del informe se señala que, como resultado de sus investigaciones, los servicios de inteligencia del Reino Unido advierten que Irak:

1. Continúa produciendo agentes químicos y biológicos.
2. Dispone de planes militares para el uso de armas químicas y biológicas, incluso contra su población shií. Algunas de estas armas pueden ser desplegadas en 45 minutos.

3. Tiene listos los mecanismos de mando y control sobre este tipo de armas. La decisión última sobre su utilización recae en Sadam Husein, pero podría haber delegado esta autoridad en su hijo Qusay.

4. Se han desarrollado laboratorios móviles para la producción de agentes biológicos de uso militar.

5. Prosiguen los programas ilegales para adquirir materiales potencialmente utilizables en los programas de producción de armas químicas y biológicas.

6. A pesar de no tener un programa de uso civil de la energía nuclear, ha intentado adquirir tecnología y materiales (uranio en África) que podrían emplearse secretamente en la producción de armas nucleares.

7. Ha recuperado especialistas para trabajar en su programa nuclear.

8. Conserva ilegalmente 20 misiles Al Husein con un alcance de 650 kilómetros, capaces de portar ojivas con agentes químicos o biológicos.

9. Ha aprovechado la ausencia de los inspectores para desplegar otros misiles, como el Al Samud de propulsión líquida y el Abadil-100 de propulsión sólida, con un alcance de hasta 200 kilómetros, incumpliendo así el límite de 150 kilómetros impuesto por la ONU.

10. Está probando un nuevo motor capaz de impulsar proyectiles hasta las bases del Reino Unido en Chipre, los países miembros de la OTAN (Grecia y Turquía), los países vecinos del Golfo e Israel.

11. Utiliza medios ilegales con el fin de procurarse materiales para desarrollar ilegalmente misiles de largo alcance.

12. Antes del retorno de los inspectores de la ONU ya había empezado a ocultar todo el equipo sensible y la documentación correspondiente.

Una lectura atenta del informe revela que las anteriores afirmaciones se basan en muy poca información contrastable y que el carácter secreto de los servicios que lo han elaborado también impide cualquier tipo de verificación.* La primera parte se dedica a explicar el papel de los servicios de inteligencia; los efectos de los principales agentes químicos y biológicos y de las armas nucleares —de forma muy similar a la información elaborada por el Departamento de Estado de Estados Unidos—; los programas armamentísticos de Irak entre 1971 y 1998, con información ya conocida, y, por último, la situación de los últimos años, entre 1998 y 2002. En este apartado, basándose en lo que ya se sabía en el momento de la retirada de los inspectores (1998), se hacen las conjeturas más interesantes —acompañadas de fotos aéreas de algunos de los principales complejos y misiles, así como de un mapa con las isócronas que marcan los distintos alcances de los programas de misiles de gran alcance que supuestamente está desarrollando Irak— junto con información ya conocida sobre las sanciones, las características de las distintas armas y sus efectos. La segunda parte es una breve crónica de las inspecciones hasta 1998, mientras que en la tercera se analiza la historia y el sistema político de Irak bajo Sadam Husein, con especial hincapié en la conculcación de los derechos humanos. En definitiva, como la mayoría de documentos e informes aparecidos desde el verano de 2002 —Richelson (diciembre de 2002) adjunta

* Los servicios de inteligencia que han intervenido en su elaboración (mencionados en el mismo informe, página 9) son el Secret Intelligence Service, el Government Communications Headquarters, el Security Service y el Defence Intelligence Staff. También se indica que se ha tenido acceso a los servicios de inteligencia de los aliados más próximos.

diez de estos informes, entre ellos el que se acaba de comentar, y ocho anteriores a 2002: de 1981 a 1999—, éste presenta muchas conjeturas y pocas evidencias o, en todo caso, lo que ya se sabía: que Irak fabricó, almacenó y usó armas de destrucción masiva en las décadas de los setenta y los ochenta y que, seguramente, dispone todavía de los conocimientos pero no de la capacidad para intentarlo de nuevo.

Robert Fisk se muestra contundente e irritado al analizar este informe fundado en meras suposiciones, como demuestra el hecho de que la mayoría de afirmaciones sobre la existencia de armas de destrucción masiva en Irak se hace en condicional. No hay motivo para ir a la guerra, apunta Fisk, porque se trata de un informe «deshonesto», basado en suposiciones («probablemente», «si», «podría ser», «pero»...) y con una contradicción de fondo evidente: si «a pesar de las sanciones, Sadam ha podido seguir construyendo armas de destrucción masiva», qué justificación tienen unas sanciones que han costado la vida a medio millón de niños iraquíes. Si, en cambio, tal como afirmaron en su momento los inspectores de la UNSCOM, Sadam no dispone de estas armas, por qué seguir manteniendo unas sanciones que se cobran miles de vidas de niños iraquíes. Además, añade Fisk, toda esta cuestión de los productos duales resulta patética cuando llega a afectar a los lápices escolares porque sus minas de plomo podrían servir para fabricar no se sabe muy bien qué clase de armas, o cuando se impide la importación de maquinaria para las plantas depuradoras de agua destruidas por los bombardeos de la coalición internacional en la segunda guerra del Golfo porque podrían utilizarse para depurar productos químicos. Y, como ya se ha señalado, la información más consistente se encuentra siempre precedida de matizaciones. Así, «parece ser» que Irak ha intentado comprar tubos de aluminio de los empleados para enriquecer uranio y «puede» que haya producido imanes en serie para un supuesto programa nuclear. Se afirma también que «si Irak obtuviera material fisible, podría producir armas nucleares en uno o dos años», pero no se dice nada de cómo y dónde obtendría dicho material, y que es «difícil juzgar si los proyectiles Al Husein podrían estar disponibles para su uso» aunque «los esfuerzos por regenerar el programa del proyectil iraquí empezaron probablemente en 1995». En suma, múltiples conjeturas pero pocas o ninguna certeza (Fisk, 2002).

Sin embargo, las conclusiones de los expertos que trabajan sobre el terreno a menudo desmienten la posibilidad de que, si se mantienen las inspecciones, Irak pueda volver a impulsar programas de fabricación de armas de destrucción masiva. Sólo Richard Butler, responsable máximo de la UNSCOM entre julio de 1997 y la retirada definitiva de los inspectores en diciembre de 1998, pareció avalar la teoría de que Irak sigue fabricando estas armas que con tanto ahínco defienden Estados Unidos y el Reino Unido.

En cambio, Rolf Ekeus, responsable máximo de la UNSCOM de junio de 1991 a julio de 1997, logró que «Irak aceptara el difícil requerimiento de sistemas de inspección permanente, lo cual incluía monitores de última generación, autorización para continuar los vuelos de inspección de la ONU, remoción de combustibles nucleares y una relación cordial con la oficialidad iraquí [...]. Ekeus valoraba su misión y tenía un objetivo claro: una eliminación total de armas de destrucción masiva que condujera a un levantamiento de las sanciones [...]. [En 1994] anunciaba que todo estaba en orden, con excepción de las

EXTRACTOS DE LA RESOLUCIÓN 1.441 DEL CONSEJO DE SEGURIDAD DE LA ONU

Deplorando además que Iraq haya obstruido reiteradamente el acceso inmediato, incondicional e irrestricto a sitios designados por la Comisión Especial de las Naciones Unidas (UNSCOM) y la Agencia Internacional de Energía Atómica (AIEA), no haya cooperado plena e incondicionalmente con los inspectores de la UNSCOM y la AIEA, como se exigía en la resolución 687 (1991), y finalmente haya puesto término en 1998 a todo tipo de cooperación con la UNSCOM y la AIEA,

Deplorando que, desde diciembre de 1998, no haya habido en el Iraq ninguna forma de vigilancia, inspección y verificación, como requerían las resoluciones pertinentes, de las armas de destrucción en masa y misiles balísticos, a pesar de las repetidas exigencias del Consejo [...] y deplorando la consiguiente prolongación de la crisis en la región y los sufrimientos del pueblo iraquí,

1. *Decide* que el Iraq ha incurrido y sigue incurriendo en violación grave de sus obligaciones con arreglo a las resoluciones en la materia, entre ellas la resolución 687 (1991), en particular al no cooperar con los inspectores de las Naciones Unidas y con la AIEA y no llevar a cabo las medidas previstas en los párrafos 8 a 13 de la resolución 687 (1991); [...]

3. *Decide* que, a fin de comenzar a cumplir sus obligaciones en materia de desarme, además de presentar las declaraciones semestrales requeridas, el Gobierno del Iraq deberá proporcionar a la UNMOVIC, la AIEA y el Consejo, dentro de los treinta días siguientes a la fecha de la presente resolución, una declaración que a esa fecha sea exacta, cabal y completa de todos los aspectos de sus programas para el desarrollo de armas químicas, biológicas y nucleares, misiles balísticos y otros sistemas vectores como vehículos aéreos no tripulados y sistemas de dispersión diseñados para ser utilizados en aeronaves, incluidas todas las existencias y ubicaciones precisas de este tipo de armas, componentes, subcomponentes, reservas de agentes, y del material y equipo conexo, de las ubicaciones y la labor de sus instalaciones de investigación, desarrollo y producción, así como de todos los demás programas químicos, biológicos y nucleares, incluidos aquellos que, según afirme, obedecen a fines no relacionados con material para armamentos o la producción de armamentos; [...]

5. *Decide* que el Iraq deberá proporcionar a la UNMOVIC y a la AIEA acceso inmediato, sin trabas, incondicional e irrestricto a todas y cada una de las zonas, incluidas las subterráneas, instalaciones, edificios, equipo, registros y medios de transporte que deseen inspeccionar, así como acceso inmediato, sin trabas, irrestricto y privado a todos los funcionarios y otras personas a quienes la UNMOVIC o la AIEA deseen entrevistar en la forma o el lugar que decidan la UNMOVIC o la AIEA en relación con cualquier aspecto de sus mandatos; decide además que la UNMOVIC y la AIEA, ejerciendo su discreción, podrán realizar entrevistas dentro o fuera del Iraq y podrán facilitar el traslado de las personas entrevistadas y de sus familiares fuera del Iraq y que queda librado exclusivamente a la discreción de la UNMOVIC y la AIEA hacer que esas entrevistas tengan lugar sin que estén presentes observadores del Gobierno del Iraq; y encomienda a la UNMOVIC y pide a la AIEA que reanuden las inspecciones dentro de los cuarenta y cinco días siguientes a la aprobación de la presente resolución y que le pongan al corriente dentro de los sesenta días siguientes a esa fecha; [...]

9. *Pide* al Secretario General que notifique inmediatamente al Iraq la presente resolución, que tiene fuerza obligatoria para el Iraq; exige que el Iraq confirme en un plazo de siete días a partir de dicha notificación su intención de cumplir plenamente la presente resolución; y exige además que el Iraq coopere inmediata, incondicional y activamente con la UNMOVIC y la AIEA.

Fuente: ONU, UNMOVIC.

armas biológicas» (Aburish, 2001). Rolf Ekeus valoró positivamente la resolución 1.441 del Consejo de Seguridad de 8 de noviembre de 2002, que exigía a Irak, antes del 7 de diciembre de 2002, un informe que diera cuenta de todas las armas de destrucción masiva y de todos los misiles de largo alcance que posee y abriese a la inspección de la ONU su territorio íntegro, incluidos los palacios presidenciales. Sin embargo añadió que el nuevo equipo de inspectores necesitaría tiempo para llevar a cabo sin presiones y con garantías de éxito su misión, sumamente delicada, pues de su veredicto podría depender el estallido de la guerra. El diplomático sueco ha recordado que, cuando él encabezó el equipo de inspectores, tuvo que oponerse a las presiones de Estados Unidos, pues en ocasiones alguno de los inspectores estadounidenses fue utilizado para obtener conocimientos sobre Irak que no entraban dentro de los objetivos encomendados, o para provocar innecesariamente a Bagdad haciendo inspecciones controvertidas desde el punto de vista iraquí con el fin de crear una situación de bloqueo que justificara una acción militar por parte de la aviación de Estados Unidos y del Reino Unido (Denny, 2002; Hoyos y otros, 2002; Warner, 2002).

Mucho más contundente se muestra Scott Ritter, antiguo agente del Servicio de Inteligencia de Marina de Estados Unidos e inspector de armamento —entre 1988 y 1990 realizó inspecciones de control de armas en la antigua URSS— y miembro de UNSCOM desde 1991 a 1998, momento en que dimitió por sus crecientes desavenencias con el nuevo responsable Richard Butler, a quien acusó de haber permitido «que la CIA se apropiara de varios programas —el más importante de los cuales era un programa de espionaje de señales que yo había preparado y dirigido entre 1996 y 1998— con el único propósito de espiar a Sadam. Aquello estaba mal, y lo expresé en numerosas ocasiones. La negativa de Richard Butler a poner fin a esa relación fue una de las razones que me llevaron a dimitir en 1998» (Rivers Pitt, 2002).*

* Aburish (2001) acusa a Scott Ritter de ser «un agresivo ex marine [que] había luchado en la Guerra del Golfo y era famoso por su visión intransigente de los iraquíes» y de haber sido utilizado por Butler «para realizar incursiones imprevistas en laboratorios sospechosos, unidades de almacenamiento y edificios ya inspeccionados». Aunque

Según el ex inspector de la UNSCOM, Irak no cumplió escrupulosamente con las resoluciones de la ONU y llegó a producir ciertos agentes químicos (sarín, tabún, VX) y biológicos (ántrax, toxina botulínica) en cantidades muy importantes. No obstante, entre 1991 y 1998, se destruyó del 90 al 95 % de la capacidad iraquí para fabricar y almacenar armas de destrucción masiva y el 100 % de las infraestructuras e instalaciones. Además, la mayor parte de estos agentes no pueden almacenarse durante más de tres o cinco años, por lo que, en caso de haberse ocultado, en la actualidad habrían perdido toda su efectividad. «Destruimos cientos de toneladas de agentes químicos [...]. Disponíamos de una planta incineradora que estuvo funcionando sin parar durante años, quemando toneladas de material día tras día. Hacíamos salidas y detonábamos bombas, misiles y cabezas de misiles llenas de dichos agentes. Vaciamos cabezas de misiles Scud que estaban llenas de dichos agentes. Localizamos todo aquel material y lo destruimos.» Tampoco cree que Irak haya podido reconstruir su competencia para fabricar armas biológicas o misiles de largo alcance. Por lo que respecta a la posibilidad

---

Scott Ritter afirma que dimitió de la UNSCOM por sus desavenencias con Butler, Aburish sostiene que renunció a causa de las restricciones que impusieron a sus métodos, que creaban «crisis constantes y perjudiciales con Sadam Husein». Ritter «admitió que los inspectores de la ONU se habían dedicado a espiar [...] [y] que había visitado Israel varias veces mientras estaba en UNSCOM, compartiendo información con los servicios de inteligencia de ese país». La controvertida imagen de Ritter —ex mayor de la Marina, de convicciones republicanas, que apoyó a Bush— se acrecienta con las investigaciones que le ha abierto el FBI y las acusaciones de traición —¡ha sido acusado de ser agente de Israel y de Irak!— que ha recibido tras tomar posición en contra de la guerra y a favor de la misión de la UNSCOM y de la actual UNMOVIC.

de fabricar armas nucleares, «no hay discusión posible. Todos sus instrumentos y sus instalaciones se habían destruido. La capacidad para diseñar este tipo de armas se había eliminado. Los equipos de producción se habían localizado y destruido [...]. Se podía decir sin temor a equivocarse que la infraestructura industrial que Irak precisaba para fabricar armas nucleares había quedado eliminada [...]. Eliminamos el programa nuclear de Irak y para reconstruirlo habría tenido que emprender acciones claramente detectables por nuestros servicios de espionaje».

En definitiva, hoy por hoy todo apunta a que la facultad de Irak para producir armas de destrucción masiva se ha visto muy mermada, por no decir que es prácticamente nula, tras la actuación de la UNSCOM. Las inspecciones de la Comisión de Observación, Verificación e Inspección de las Naciones Unidas (UNMOVIC), creada para sustituir a la UNSCOM en noviembre de 1999 y dirigida por Hans Blix, y de la AIEA, dirigida por Mohamed el Baradei, confirman esta opinión a tenor del informe provisional de 9 de enero de 2003 y del informe definitivo presentado a la ONU el pasado 27 de enero, donde se pone de manifiesto que no se han encontrado indicios de la existencia de armas de destrucción masiva en Irak. A pesar de todo, en el informe presentado por Bagdad el 7 de diciembre de 2002 quedan muchos interrogantes abiertos, y se precisa más tiempo y mayor colaboración del régimen de Sadam Husein para llevar a cabo una investigación exhaustiva. El empeño con que Estados Unidos y el Reino Unido han planteado la actual crisis y la necesidad de una guerra para expulsar a Sadam Husein del poder, aunque ello cause miles de víctimas inocentes, centenares de miles o millones de refugiados, el peligro de una desmembración incontrolada de Irak y la probable desestabilización de la región, sólo se explica en función de intereses inconfesables y ocultos —el control del petróleo y una reorganización del poder en el Oriente Medio que culmine lo que ya intentaron, de manera bien poco afortunada, los británicos en el segundo cuarto del siglo xx— o por el intento de reparar y ocultar los errores del pasado, puesto que la aportación de Estados Unidos y del Reino Unido al arsenal de armas de destrucción masiva de Irak en los años ochenta superó con creces las aportaciones de Francia y de la URSS de la década anterior.

LA OPOSICIÓN IRAQUÍ

En los planes elaborados por la Administración de Bush para el Irak posterior a Sadam se pretende que la oposición iraquí desempeñe el papel de legitimadora de la nueva situación creada por la ocupación de las tropas estadounidenses y sus aliadas. Sin embargo, la oposición iraquí es débil, está muy dividida, ha padecido una fuerte represión y se ve obligada a actuar desde el exilio, lo que todavía facilita más las divisiones y las infiltraciones por parte de los servicios de inteligencia, tanto del régimen iraquí como de los países más interesados en derrocarlo. Un breve repaso de los grupos de la oposición iraquí pone de manifiesto sus deficiencias y su poca consistencia si exceptuamos los partidos kurdos. El conjunto de la oposición iraquí se puede clasificar en seis grandes grupos: los partidos kurdos; los partidos religiosos; el Congreso Nacional Iraquí; los movimientos opositores surgidos de las fuerzas armadas y las organizaciones nacionalistas árabes; el Partido Comunista Iraquí, y el movimiento democrático y liberal (International Crisis Group, 2002; Luizard, 2002; Jabar en *Iraq. Objetivo Saddam*, 2003; véase también Hiro, 2002 y Tripp, 2002).

De los grandes partidos kurdos ya nos hemos ocupado con profusión a lo largo de estas páginas. Por un lado, el Partido Democrático del Kurdistán (PDK), fundado en 1946 y liderado actualmente por Masud Barzani, que controla el noroeste del Kurdistán —provincias de Dohuk y Arbil— con capital en Arbil, y dispuesto a apoyar una ofensiva terrestre de Estados Unidos por el norte. Se cree que tiene alrededor de quince mil efectivos militares, aunque sus dirigentes dicen disponer de 20.000 guerrilleros y de un ejército regular de 30.000 soldados. Por el otro lado, la Unión Patriótica del Kurdistán (UPK), fundada en 1975 por su actual líder Yalal Talabani, que controla el sur del Kurdistán con capital en Suleimaniya. Se le calculan unos efectivos formados por diez mil combatientes aproximadamente, aunque sus fuentes hablan de una fuerza de unos cuarenta mil militantes. Desde septiembre de 2002 (acuerdo Barzani-Talabani), el PDK y la UPK han reactivado y comparten el Parlamento unido, resultado de las elecciones de 1992 en la región autónoma kurda. No obstante, en el verano de 1996 se enfrentaron en una guerra civil por las diferencias políticas e ideológicas y por el control del tráfico de petróleo de contrabando destinado a Turquía.

Además de estos dos grandes partidos, en los márgenes de la región autónoma del Kurdistán operan pequeños partidos kurdos de tendencias islamistas. El más importante es el Movimiento Islámico del Kurdistán (MIK), suní, fundado en 1986 y liderado por el jeque Ali Abdel Aziz, que, en cierta medida, se puede considerar heredero del movimiento de los Hermanos Musulmanes que actuaba en el Kurdistán desde los años cincuenta y que declaró la guerra santa al régimen de Sadam Husein. Tiene su base de operaciones en los alrededores de la ciudad de

Halabja. Recibe ayuda de Arabia Saudí, que intenta contrarrestar así el apoyo iraní, y se desplaza frecuentemente entre Irán (mantiene abierta una delegación en Teherán) y el Kurdistán iraquí, aunque su capacidad militar es mínima. Algunos kurdos veteranos de la guerra de Afganistán se han decantado hacia opciones más radicales, como Hezbolá del Kurdistán, Hamás o el Ejército del Islam, entre las que destaca, desde diciembre de 2001, la organización Ansar al Islam, que agrupa a varios centenares de militantes —afganos, saudíes y árabes de diversas procedencias— y controla unas pocas localidades en un área diminuta entre Halabja y la frontera con Irán. Su líder es el mulá Najm al Din Faraj Ahmad, también conocido como el mulá Krekar, que tiene residencia oficial en Noruega. Éste es el grupo islamista en el que se apoyó Colin Powell para intentar establecer la conexión del régimen de Sadam Husein con Al Qaeda. Sin embargo, todos estos grupos operan en los confines de la región autónoma kurda, donde no tiene acceso el ejército de Sadam Husein, y son relativamente tolerados por los grandes partidos kurdos, siempre que no desborden su pequeña área de influencia. En su caso, Ansar al Islam, también es tolerado por las autoridades de Teherán, que no restringen su libertad de movimientos por la zona fronteriza. Este grupo mantiene un duro enfrentamiento con las milicias de la UPK desde el 11 de septiembre de 2001.

Por último, hay que mencionar pequeños movimientos —no siempre puede hablarse de partidos— también presentes en la región autónoma kurda y que representan a otras minorías confesionales o étnicas. Es el caso de la minoría caldeoasiria, que obtuvo cinco escaños en las elecciones de 1992; de la Comunidad Cristiana Iraquí, que representa el 4 % de la población iraquí e incluye caldeos, asirios y ortodoxos, y la minoría turcomana, formada por unas trescientas mil personas agrupadas en diferentes partidos, entre los que destaca el Frente Turcomano creado en 1995 con apoyo financiero de Turquía.

En el segundo grupo de la oposición, los partidos religiosos más importantes y de más larga trayectoria son fundamentalmente organizaciones shiíes. El Partido Dawa tiene su precedente en la Asociación de Líderes Religiosos que, en el otoño de 1958 —o en 1957 según otros militantes—, creó en Najaf el embrión de Al Dawa Al Islamiyya (Partido de la Llamada del Islam). Inicialmente fue sólo un movimiento religioso con pocos adeptos, pero, a mediados de los setenta y bajo el liderazgo del ayatolá Muhammad Baqer al Sadr, su presencia en las ciudades del sur del país fue creciendo progresivamente. La revolución de Irán le proporcionó un modelo a seguir, aunque la represión del régimen baazista se cebó en los dirigentes religiosos shiíes. En abril de 1980 fueron ejecutados el ayatolá Muhammad Baqer al Sadr y su hermana, mientras que 30.000 shiíes fueron expulsados hacia Irán. El Partido Dawa quedó descabezado, sin sus principales dirigentes religiosos y políticos, aunque mantuvo células clandestinas en Bagdad y en las principales ciudades del sur. A diferencia de otros partidos religiosos, el Partido Dawa presentó muy pronto un programa político bien definido, basado en la aplicación de la *sharia* o ley islámica y en la condena del carácter laico del régimen de Sadam Husein. En los últimos años se ha acercado a todos los partidos laicos contrarios al régimen —incluido su antiguo rival entre la población shií, el Partido Comunista— y preconiza la futura descentralización de Irak, basada no en las minorías religiosas o étnicas sino en demarcaciones naturales como las antiguas *wilayas* (departamentos) otomanas. También ha sido el primer partido religioso en aceptar el multipartidismo, un régimen constitucional y parlamentario y la necesidad de celebrar elecciones libres e instaurar un sistema democrático en Irak, aunque rechaza la intervención militar de Estados Unidos porque cree que no se debe dejar el destino del país en manos extranjeras. «Después de la segunda guerra del Golfo, denunció muy pronto "la confabulación de intereses entre Estados Unidos y Sadam Husein". En esta línea criticó los diferentes ataques aliados contra Irak desde 1993, que perseguían "destruir Irak". Igualmente ha rechazado la política estadounidense de mantener el embargo de forma indefinida, lo que supone ante todo "un castigo contra el pueblo iraquí" y no contra el régimen, "que se aprovecha del embargo"» (Luizard, 2002). No en vano se considera el más «iraquí» de los partidos religiosos shiíes, es decir, el que tiene menos contactos y se deja influenciar menos por el shiísmo iraní. En la actualidad tiene presencia legal en Damasco, Teherán y Londres, y clandestina en Irak.

El Consejo Supremo de la Revolución Islámica en Irak (SCIRI, en sus siglas en inglés) fue fundado en 1982 por el ayatolá Muhammad Bakir al Hakim bajo los auspicios de Teherán. En buena parte se nutrió de los expulsados en 1980, y vivió su mejor momento durante la Intifada del sur de Irak de 1991, cuando Muhammad Bakir al Hakim decidió enviar a la frontera varios millares de militantes del brazo armado del SCIRI, la denominada Brigada Badr, que actualmente dispone de entre 4.000 y 8.000 combatientes, pero que es acusada de depender muy estrechamente de los servicios de inteligencia iraníes. A pesar de la importancia que le atribuyen los medios de comunicación occidentales, la posible influencia del SCIRI entre la población shií de Irak no puede evaluarse con rigor dadas las condiciones de clandestinidad en que se ve obligado a actuar. Muhammad Bakir al Hakim y los líderes religiosos del SCIRI han mantenido siempre buenas relaciones con los sectores más conservadores del régimen iraní y, especialmente, con el guía de la revolución, el ayatolá Ali Jamenei, pues consideran que Irán es la retaguardia de la revolución que tendrá lugar en Irak. Actualmente, también preconiza elecciones libres, un régimen constitucional y parlamentario y el multipartidismo y la descentralización. Con respecto a una posible intervención militar de Estados Unidos, mantiene una postura ambigua, pues, por una parte, considera que conviene propiciar un cambio de régimen en Irak, por lo que participa en todos los foros opositores impulsados por Washington, pero, por otra parte, rechaza cualquier posible ocupación y apuesta por una salida política protagonizada por un levantamiento de los propios iraquíes.

Finalmente hay que considerar otras dos organizaciones político-religiosas shiíes. Se trata de la Organización de la Acción Islámica (OAI), fundada en 1965 por el ayatolá Muhammad al Shirazi en Kerbala y que llegó a atentar contra Tarek Aziz, y de la Fundación del Imán Al Khoei, creada a finales de los ochenta y que representa la vertiente religiosa apolítica del shiísmo. La OAI se convirtió rápidamente en un pequeño grupo radical clandestino que, en los años setenta, incorporó miembros procedentes de otros países del Golfo, especialmente de Bahrein, y envió militantes a la guerra civil del Líbano. Estimulada por la revolución de Irán, intensificó su lucha contra el régimen del Partido Baaz en Irak hasta que, a principios de los noventa, se escindió en dos grupos, uno con base en Damasco y otro más próximo a las posiciones de los dirigentes de Teherán. Por su parte, «la fundación tiene escuelas y centros religiosos en Nueva York, París, Swansea (Reino Unido), Karachi, Montreal y Bangkok, y es un importante donante de fondos a las Naciones Unidas. La fuente de sus recursos financieros son las contribuciones de los creyentes shiíes» (International Crisis Group, 2002). Tras la segunda guerra del Golfo, el régimen de Sadam Husein puso bajo arresto domiciliario al creador de la fundación, el ayatolá Saiyyid Abolqasem al Khoei, y arrestó y ejecutó a algunos de sus miembros. En 1994 Muhammad Taqi al Khoei, secretario general de la fundación e hijo mayor del ayatolá, murió en un extraño accidente de circulación en la carretera de Najaf a Kerbala. La larga sombra de la represión del régimen no cesaba de cernirse en los dirigentes religiosos shiíes, aun en aquellos que se declaraban apolíticos. Desde entonces, la fundación ha multiplicado sus actividades religiosas y culturales fuera de Irak.

El Congreso Nacional Iraquí (CNI) fue fundado en junio de 1992 en la Conferencia de Viena, a la que asistieron 160 representantes —una segunda conferencia celebrada formalmente en territorio iraquí en Salah al Din en el Kurdistán, reunió a 234 delegados— con la pretensión de aglutinar a la mayoría de fuerzas políticas de la oposición, incluidos el PDK y la UPK. Se eligió un Consejo Presidencial formado por Muhammad Bahr al Ulum, dirigente religioso shií de Najaf; Masud Barzani, del PDK, y Hassan Mustafá al Naqib, un general suní retirado, lo que daba una representación paritaria de shiíes, suníes y kurdos. Se creó también un Consejo Ejecutivo, integrado por 26 miembros, y liderado por Ahmed Chalabi, un rico musulmán shií, cuya familia se exilió tras el golpe de Estado de 1958, que fue juzgado y condenado en ausencia por un tribunal jordano en relación con la quiebra del Banco de Petra, fundado por él mismo en 1977. También se decidió radicar el cuartel general del CNI en Arbil, la «capital provisional» de Irak. Sin embargo, muy pronto se produjeron las primeras discrepancias con Chalabi, a quien comunistas, baazistas opositores y nacionalistas árabes establecidos en Europa y Siria acusaban de ser muy autoritario y de haber puesto el CNI al servicio de Estados Unidos. En septiembre de 1993, el Partido Dawa abandonó el CNI y, en mayo de 1995, lo hacían Muhammad Bahr al Ulum y Hassan Mustafá al Naqib. Poco después, los avatares de la guerra civil kurda y la conquista de Arbil en el verano de 1996 por parte del PDK, ayudado por tropas iraquíes, obligaron al CNI a abandonar la ciudad y a fijar su sede en Londres.

En 1999 se nombró un nuevo equipo dirigente, constituido por representantes de los dos principales partidos kurdos, del SCIRI y del Acuerdo Nacional Iraquí (ANI). Pero muy pronto reaparecieron las discrepancias y los militantes comunistas, los del SCIRI y los del ANI volvieron a abandonar el CNI.

En los últimos años el CNI ha vuelto a crecer a la sombra de la Administración de Bush, que lo necesita para sus planes de «democratización» del Irak posterior a Sadam. Sin embargo, la figura de Chalabi y su supeditación a los designios de Washington siguen levantando suspicacias entre la oposición iraquí.

El cuarto grupo de la oposición está formado por los movimientos aparecidos en el entorno de las fuerzas armadas y las organizaciones nacionalistas árabes. Entre los primeros destacan el ANI y el Movimiento de Oficiales Libres Iraquíes (MOLI). El ANI fue fundado en Arabia Saudí en 1990 por antiguos militantes nacionalistas árabes, incluidos algunos dirigentes históricos del Partido

Baaz que partiparon en los gobiernos del presidente Ahmad Hassan al Bakr, militares y oficiales de los servicios de inteligencia. Sus principales representantes eran Ayad Allawi y Salah al Shaykhly. En 1992 se dividió en dos tendencias. La más importante es la que lidera Ayad Allawi, que conserva el nombre de Alianza Nacional Iraquí (ANI). Desde 1995 su cuartel general se encuentra en Ammán, desde donde conspira para intentar llevar a cabo un golpe de Estado que ponga fin al régimen de Sadam Husein. Tiene también una delegación en Londres y mantiene contactos con la CIA. Tras la deserción en marzo de 1996 del general Nizar Khazraji, ex jefe del Estado Mayor del ejército iraquí que no puede abandonar su exilio en Dinamarca, acusado de ser uno de los responsables de las matanzas con gases tóxicos cometidas contra la población kurda en 1988 y 1989, se cree que la CIA confía en la ANI y, sobre todo, en Khazraji, para formar el gobierno provisional que propiciaría una intervención militar estadounidense. A pesar de la dura represión —en 1996 una confabulación contra Sadam se saldó con la ejecución de varias decenas de oficiales y miembros de la ANI—, la ANI sigue reclutando militantes entre los desencantados del régimen: árabes suníes del Partido Baaz, miembros de los servicios de seguridad, funcionarios, etcétera. Sus portavoces aseguran que una nueva intervención militar estadounidense como la de 1991 provocaría la deserción en masa de los oficiales y la tropa del ejército iraquí, pero no así de la Guardia Republicana —integrada por seis divisiones y unos noventa mil soldados— ni de la Guardia Republicana Especial, que, en círculos concéntricos, protegen Bagdad, Takrit y al dictador.

El MOLI fue fundado en 1996 por el general de brigada Najib al Salhi, que desertó en 1995 —en la segunda guerra del Golfo estuvo al mando de una división acorazada— y dice tener bajo control una red de mandos del ejército iraquí —incluso de gobernadores— dispuestos a desertar y sublevarse contra Sadam Husein si contaran con el apoyo de una acción militar de Estados Unidos. Sin embargo, pocos creen que pueda reunir los treinta mil combatientes que dice controlar. En julio de 2002 todos los altos mandos militares que forman parte de estas organizaciones se encontraron en Londres para establecer un consejo militar conjunto con objeto de preparar el período político de transición que seguiría a la caída de Sadam Hussein.

Entre los movimientos surgidos de las organizaciones nacionalistas árabes cabe mencionar a los disidentes del Partido Baaz Árabe Socialista, mando iraquí, que tiene su base y su financiación en Damasco y está liderado por Fawzi al Rawi. Defiende el pluralismo y la democracia y está formado por antiguos dirigentes del Baaz de tendencia prosiria que todavía aspiran a conseguir un mando unificado que incluya a Siria e Irak. Se manifiesta hostil a la política estadounidense, cuya influencia sobre el CNI considera excesiva. Otros partidos panarabistas minoritarios son el Partido Socialista Iraquí, el Grupo Independiente, el Movimiento Árabe Socialista, el Grupo Unionista Nasserista, el Grupo Democrático Pan-Árabe y el Grupo de Reconciliación Nacional.

El Partido Comunista Iraquí (PCI) fue fundado en 1934 y es, por lo tanto, el partido más antiguo en el escenario político del país y el primero que dio voz política a los shiíes, que constituían gran parte de su militancia. Es, junto con el Partido Dawa, de las pocas agrupaciones de la oposición que, pese a la persecución y la represión que ha padecido en las últimas décadas, conserva bases activas clandestinas en el interior de Irak. En el V Congreso celebrado en octubre de 1993 en el Kurdistán, el PCI se escindió en dos partidos que mantienen excelentes relaciones: el PCI para el Irak árabe y el Partido Comunista Kurdistani-Irak para el Kurdistán. Se declara a favor del federalismo que promueven los kurdos, es contrario «a cualquier solución impuesta desde el exterior [...] y defiende la lucha armada contra el régimen y la instauración de un sistema democrático, pluralista y constitucional» (Luizard, 2002). Por supuesto rechaza cualquier injerencia estadounidense en la política iraquí y por ello se ha retirado del CNI, pues considera que está al servicio de Washington.

El movimiento democrático y liberal, el último gran apartado de la oposición, comprende una serie de grupos surgidos en el exilio en torno a personalidades políticas iraquíes que han evolucionado desde otras posiciones políticas. Apenas tienen incidencia en el interior del país y, en algunos casos, se constituyeron al calor de la Administración demócrata del presidente Clinton, que les apoyó y contribuyó a su financiación, sobre todo, después de que el Congreso de Estados Unidos aprobara, a propuesta del presidente, la Iraq Liberation Act (Acta de Liberación Iraquí, octubre de 1998), que concedía un fondo de 97 millones de dólares para sostener a la oposición.* Se trata, en general, de una oposición muy fragmentada y dividida, con poca experiencia institucional y política, pero con importantes simpatías entre la población shií no ads-

---

* En enero de 1999 Whasington seleccionó siete formaciones entre las que distribuir su ayuda financiera. Se trataba del PDK, la UPK, el SCIRI, el MIK, la ANI, el CNI y el MMC. La Iraq Liberation Act puede consultarse en *Le Monde Diplomatique* (2003).

crita a las corrientes político-religiosas (Dawa, SCIRI, etcétera.). Es partidaria de un régimen constitucional y democrático, aunque sea propiciado por una intervención militar estadounidense, y de celebrar elecciones libres. El partido más importante de esta tendencia es la Alianza Nacional Iraquí, pero hay otros partidos minoritarios como la Unión Democrática de Irak, con base en Londres, fundada en 1989 y liderada por Faruq Ridha'a; el Movimiento Democrático de Centro, también con base en Londres, fundado en 2000 y liderado por Adnan Pachani, y el Partido Democrático Iraquí.

Mención aparte merece el Movimiento Monárquico Constitucional (MMC), fundado en 1993 por Ali Bin al Hussein, primo segundo del rey Faisal II de Irak, destronado y asesinado por el golpe de Estado de 1958. Procede, por lo tanto, de una tradición distinta y defiende la celebración de un referéndum para aprobar la instauración de una monarquía constitucional. Partidario de una política prooccidental y, sobre todo, proestadounidense, Ali Bin al Hussein argumenta que, después de cuarenta años de convulsiones y turbulencias políticas, la monarquía constitucional es la única institución que sería aceptada por casi todos los iraquíes y la única que podría aportar legitimidad y estabilidad a un nuevo régimen democrático.

Como resumen se puede señalar que la oposición iraquí se desenvuelve en un marco de debilidad, divisiones y contradicciones respecto a la intervención de Estados Unidos y el futuro de Irak. Actúa básicamente desde el exilio, pues la terrible y sangrienta represión que practica la dictadura de Sadam Husein no le deja, a menudo, otro camino. En los últimos años se han celebrado dos grandes reuniones, ambas en Londres, con el objetivo de unificar posturas, cosa que no siempre se ha conseguido. En abril de 1999 se reunieron once partidos y aprobaron un plan de resistencia contra el régimen de Sadam Husein y la reforma del CNI, que había perdido apoyos. En diciembre de 2002, ya bajo la sombra de una intervención militar estadounidense, se congregaron de nuevo 350 miembros de la oposición y, tras largos debates que pusieron de manifiesto su fragilidad, su división y sus diferencias, acordaron una declaración de mínimos que apostaba por constituir, tras la desaparición del régimen de Sadam Husein, un Estado democrático y federal que acoja a todos los ciudadanos de Irak. Sin embargo, no se aceptó el referéndum sobre la monarquía, como pretendía Ali Bin al Hussein. Dicho Estado tendrá que ser respetuoso con los derechos humanos y no dispondrá de armas de destrucción masiva que amenacen a sus vecinos. También se elaboró una lista de 49 criminales, encabezada por Sadam Husein y sus hijos, que no podrán beneficiarse de ningún tipo de amnistía y que serán apresados y entregados a las autoridades para ser juzgados por sus crímenes.

ESTADOS UNIDOS, PETRÓLEO
Y ESCENARIOS DESPUÉS DE UNA GUERRA

El sábado 15 de septiembre de 2001, poco después de las nueve y media de la mañana, el presidente Bush da comienzo a la reunión del gabinete de guerra con una oración. Asisten Dick Cheney, vicepresidente, y I. Lewis *Scooter* Libby, jefe de personal de la vicepresidencia; Colin L. Powell, secretario de Estado; Condoleezza Rice, consejera de Seguridad Nacional; Donald H. Rumsfeld, secretario de Defensa, y Paul D. Wolfowitz, subsecretario de Defensa; Paul H. O'Neill, secretario del Tesoro; George J. Tenet, director de la CIA, acompañado de su subdirector, John E. McLaughlin, y del jefe de Contraterrorismo, Cofer Black; Robert Mueller, director del FBI; el fiscal general —ministro de Justicia— John D. Ashcroft; el general Henry B. Shelton, jefe del Estado Mayor Conjunto, y Andrew H. Card, jefe de gabinete de la Casa Blanca.

Sólo habían pasado cuatro días desde los atentados del 11 de septiembre y un cierto desconcierto atenazaba todavía a la Administración de Bush. En la reunión nadie dudaba ya, sin embargo, de la necesidad de intervenir en Afganistán y de acabar con Al Qaeda y Osama Bin Laden.

Nadie excepto Paul Wolfowitz, que aprovechó una pregunta retórica de la consejera de Seguridad Nacional sobre la viabilidad de una campaña militar fuera de Afganistán para volver a poner sobre la mesa el tema de Irak, una vieja cuestión pendiente de la Administración de Bush padre. Según Wolfowitz, «las perspectivas de un ataque contra Afganistán eran inciertas. Le preocupaban los cien mil soldados estadounidenses que en el plazo de seis meses estarían atrapados en las montañas afganas. Por el contrario, Irak era un régimen frágil y opresor que podría sucumbir fácilmente. La victoria era factible. Wolfowitz calculó que había entre un 10 y un 50 % de posibilidades de que Sadam estuviera implicado en los atentados terroristas del 11 de septiembre. Si realmente se tomaba en serio la guerra contra el terrorismo tarde o temprano Estados Unidos tendría que ir a por Sadam» (Woodward, 2002). La mayoría se opuso a atacar Irak porque creía que no era el momento adecuado, pues una acción contra el régimen de Bagdad debilitaría la coalición internacional contra el terrorismo surgida tras los atentados del 11 de septiembre, aunque el vicepresidente no se abstuvo de matizar que «no descartaba un ataque a Irak en algún momento» más adelante.

No era la primera vez que el subsecretario de Defensa arremetía contra el régimen de Sadam Husein y planteaba la necesidad de sustituirlo por otro mucho más dispuesto a cooperar con Estados Unidos y los países occidentales. Sabía, además, que en esta empresa contaba, aunque en grados diferentes, con la aquiescencia del vicepresidente y del secretario de Defensa. Sabía también que el tema de Irak no dejaba indiferente al presidente.

Los precedentes más lejanos se encontraban en el documento que coordinó, también como subsecretario de

Defensa, para el presidente George Bush padre titulado «Defense Planning Guide». Su publicación, en marzo de 1992, generó tal polémica que el mismo Wolfowitz se vio obligado a revisarlo y a suavizar algunas de las consideraciones que contenía. En el documento se apuntaba que los intereses vitales de los países industrializados (acceso libre y regular a las fuentes de energía —sobre todo petróleo— y de materias primas, estabilidad de los mercados mundiales, libertad y seguridad comercial) se verían cada vez más amenazados por las acciones del terrorismo internacional y por la proliferación de armas de destrucción masiva en manos de países que no eran de fiar. Ese peligro, añadía Wolfowitz, ya era real y considerable porque países como Irak, Irán, Corea del Norte, la India y Pakistán disponían de este tipo de armas.

Sin embargo, en 1992 todavía no se había dado el paso decisivo de sustituir la política de disuasión por la de intervención preventiva, prescindiendo incluso de la aprobación de la ONU y de los aliados europeos si llegaba el caso. Ni siquiera se había acabado, cuando se estaba en disposición de hacerlo, con el régimen de Sadam Husein porque, por un lado, no se sabía con certeza cómo reaccionaría la URSS ante una acometida contra uno de sus antiguos aliados que iba más allá de lo permitido por las resoluciones de la ONU* y, por otro lado, se temía que, si

---

* Además, los principios sobre los que se asienta la ONU no contemplan la intervención para cambiar un régimen político, sino que, por el contrario, «los Miembros de la Organización arreglarán sus controversias internacionales por medios pacíficos de tal manera que no se pongan en peligro ni la paz y la seguridad internacionales ni la justicia [y] se abstendrán de recurrir a la amenaza o al uso de la fuerza contra la integridad territorial o la independencia política de cualquier Estado» (ONU, 1945).

las tropas de la coalición internacional llegaban a Bagdad, Irak podía romperse y, en esas circunstancias, había el peligro de que la mayoría shií emprendiera una vía similar a la de Irán con la revolución de Jomeini.

El paso definitivo hacia el principio de intervención preventiva lo dio la Administración de Bush después del 11 de septiembre de 2001, escorándose progresivamente hacia un conservadurismo político-religioso que enlaza y desborda al mismo tiempo a las anteriores administraciones republicanas, en las que los miembros más conservadores del entorno del actual presidente ya ocuparon cargos importantes. En definitiva, y para plantear la cuestión en los términos en que la ha teorizado Robert Cooper (2000), con el fin del sistema de Westfalia o del equilibrio de poderes, cuya última expresión fue el equilibrio de terror del sistema bipolar de la guerra fría, se imponían dos posibles evoluciones: el retorno al imperio o el gobierno mundial. En septiembre de 2001 se impuso, sin embargo, la lógica de Colin Powell, quien señaló con acierto que «si antes del 11 de septiembre no estábamos persiguiendo a Irak, ¿por qué hacerlo ahora, cuando el clamor popular no se dirige contra Irak?». Difícilmente nadie creería que Irak tuviera algún tipo de responsabilidad en los atentados.

A mediados de septiembre el presidente admitía ante el Consejo de Seguridad Nacional que era muy probable que Irak estuviera involucrado en los atentados, pero que todavía no iba a atacar a Sadam Husein porque aún no tenía pruebas. El 3 de octubre, cuatro días antes del inicio de los bombardeos en Afganistán, declaró: «Creo en verdad que de todo esto saldrá más orden en el mundo: verdadero progreso hacia la paz en Oriente Próximo y estabilidad en las regiones productoras de petróleo» (citado en Woodward, 2003). Por primera vez, en boca del

LOS PRINCIPALES NOMBRES DE LA ADMINISTRACIÓN
DEL PRESIDENTE GEORGE W. BUSH

Dick Cheney. Vicepresidente. Nació en Lincoln, Nebraska, el 30 de enero de 1941. En 1975 fue nombrado auxiliar del presidente y jefe de gabinete de la Casa Blanca, cargo que desempeñó hasta el final del mandato del presidente Gerald Ford. En la presidencia de George Bush padre ocupó el cargo de secretario de Defensa (1989-1993), desde el que dirigió la operación Justa Causa en Panamá y la operación Tormenta del Desierto durante la segunda guerra del Golfo.

Donald H. Rumsfeld. Secretario de Defensa. Nació en Chicago, Illinois, el 7 de septiembre de 1932. Fue embajador de Estados Unidos en la OTAN entre 1973 y 1974. Tras la dimisión de Nixon ocupó el cargo de jefe de gabinete de la Casa Blanca con el presidente Gerald Ford, quien, en 1975, le nombró por primera vez secretario de Defensa —fue, con cuarenta y tres años, el más joven de la historia de Estados Unidos—, cargo que desempeñó hasta 1977. Durante la presidencia de Ronald Reagan fue nombrado enviado especial para el Oriente Medio (1983-1984). Como se ha señalado, en 1984 Washington compartía servicios de espionaje militar con el ejército de Sadam y les prestaba ayuda, que consistía en «la entrega de armas de gran alcance destructivo, la cesión de imágenes obtenidas por satélite del despliegue de tropas iraníes y la colaboración en la planificación táctica de batallas, en los ataques aéreos y en la evaluación de daños tras las campañas de bombardeo» (Rivers Pitt, 2002).

Colin Powell. Secretario de Estado. Nació el 5 de abril de 1937 en Nueva York. Ha servido durante treinta y cinco años como profesional en el ejército —se retiró con el grado de general—, fue consejero para temas de seguridad nacional con el presidente Reagan y jefe de Estado Mayor Conjunto del presidente George Bush padre en la segunda guerra del Golfo. En cierta medida, representa el contrapeso a los planteamientos de Rumsfeld, Cheney y Wolfowitz.

Condoleezza Rice. Consejera de Seguridad Nacional. Nació en Birmingham, Alabama, en 1954. Hizo carrera académica como especialista en la URSS y los países del Este de Europa en la Universidad de Stanford. Fue nombrada por el presidente George Bush padre directora general para asuntos soviéticos en el Consejo de Seguridad Nacional (1989-1991).

Paul D. Wolfowitz. Subsecretario de Defensa. Nació en Nueva York el 22 de diciembre de 1942. Fue nombrado embajador de Estados Unidos en Indonesia (1986-1989) y, durante la Administración de Bush padre, ocupó el cargo de subsecretario de Defensa Política como adjunto de Dick Cheney.

Fuente: biografías oficiales y Woodward (2003).

presidente, se formulaban dos de las principales razones que mueven a la Administración de Bush a atacar Irak: una era la reestructuración de la correlación de fuerzas y aliados en el Oriente Medio, con la vista puesta en la seguridad de Israel y una particular resolución del conflicto palestino-israelí; la otra, el control, la seguridad y la estabilidad de la «*pax* americana» en las principales regiones productoras de petróleo.

El tema del ataque a Irak reapareció con fuerza en el discurso del presidente sobre el estado de la Unión el 29 de enero de 2002, en el que definió el «eje del mal» constituido por Irak, Irán y Corea del Norte, países que contaban con armas de destrucción masiva y que estaban en disposición de suministrarlas a potenciales terroristas. En la primavera de 2002, Bush recordó la amenaza de atacar a los países que cobijaran o ayudaran a las redes del terrorismo internacional y apostó públicamente por un cambio de régimen político en Irak. Según Woodward, «el conflicto de Irak [...] iba a convertirse en la siguiente prueba real, y quizás en la más importante, del liderazgo de Bush y del papel de Estados Unidos en el mundo». Sin embargo, Colin Powell seguía creyendo que atacar Irak era como prender fuego a un polvorín y, por tanto, resultaba imprescindible analizar previamente todas las posibles consecuencias —militares, económicas, políticas, geoestratégicas, etcétera— y contar con una amplia coalición dispuesta a actuar bajo el mandato de la ONU y el liderazgo de Estados Unidos. Cheney, por su parte, no perdía el tiempo: el 27 de agosto afirmó en el *The New York Times* que el riesgo de que Irak dispusiera de armas nucleares justificaba el ataque.

En septiembre de 2002 la posición de Powell se había abierto camino y, tras las vacaciones, la Administración de Bush empezó a presionar al Consejo de Seguridad de la ONU para que aprobara una nueva resolución que, en caso de incumplimiento, permitiera atacar Irak. El día 12 George Bush planteó abiertamente el tema de Irak en el discurso que realizó ante la Asamblea General de la ONU, en el que exigió a Sadam Husein que retirara o destruyera «inmediatamente y sin condiciones todas las armas de destrucción masiva», a la vez que solicitó una nueva resolución del Consejo de Seguridad de la ONU sobre el desarme de Irak. Cinco días después, el 17 de septiembre, Irak aceptó el retorno incondicional de los inspectores de la ONU. El 7 de octubre, primer aniversario del comienzo de la operación militar en Afganistán, Bush aprovechó un discurso a la nación para recordar la amenaza que suponían Sadam Husein y sus armas de destrucción masiva, además de solicitar al Congreso y al Senado la autorización para usar la fuerza contra el régimen de Bagdad. Obtuvo dicha autorización el 10 y el 11 de octubre, en sendas votaciones llevadas a cabo, respectivamente, por la Cámara de Representantes y el Senado. Finalmente, el 8 de noviembre el Consejo de Seguridad de la ONU aprobó la resolución 1.441 (2002) que instaba a Irak a eliminar todos sus programas de armas de destrucción masiva y los misiles de largo alcance, bajo la amenaza de recurrir al uso de la fuerza si el régimen de Bagdad no cumplía la resolución.

A lo largo del año 2002, la Administración de Bush no sólo fue centrando su discurso en la necesidad de atacar Irak hasta conseguir la aquiescencia de la ONU, sino que además presentó, de manera errática y deshilvanada, una serie de argumentos para legitimar el ataque. Gema Martín Muñoz (2003) ha sintetizado de manera concisa y clara todos estos argumentos en cuatro ideas en las que ha insistido la Administración de Bush de forma machacona: «Esto es, que Irak tiene vínculos con Al Qaeda y por tanto es objetivo de "la guerra contra el terrorismo" como lo fue Afganistán; que es una potencia provista de armas de destrucción masiva que amenaza nuestra seguridad; que hay que proteger a la sociedad iraquí de un sufrimiento infrahumano (que, por supuesto, sólo es responsabilidad del despótico régimen de Sadam Husein), y que existe el deber moral de llevar "nuestra" democracia a los iraquíes imponiendo un cambio de régimen».

El acto final de los preparativos para la guerra contra Irak tuvo lugar el día 28 de enero de 2003, cuando el presidente George Bush pronunció el discurso sobre el estado de la Unión en el Capitolio, ante las dos cámaras del Congreso.

El discurso de George Bush fue poco menos que una declaración de guerra a Irak. En él aparecen las acusaciones ya conocidas contra el régimen de Sadam Husein: es una amenaza para la paz mundial, porque dispone de armas de destrucción masiva y mantiene contactos con grupos terroristas —con una mención explícita a Al Qaeda y a los atentados del 11 de septiembre—, y, además, oprime con una férrea dictadura a su propio pueblo, que será liberado tras el derrocamiento del dictador. La mayoría de estas acusaciones son conocidas y en absoluto fáciles de demostrar.

En cuanto a las armas de destrucción masiva, ya se ha dicho que, sin duda, el régimen de Sadam Husein las fabricó y usó contra Irán y contra la población kurda. También es conocido que, entre 1991 y 1998, la UNSCOM destruyó grandes cantidades de agentes químicos y biológicos e inutilizó el programa de armas nucleares. Por los informes de la propia UNSCOM se sabe que es poco probable, aunque no imposible, que, en las actuales circunstancias de embargo, Irak haya podido reemprender sus programas de armamento de destrucción masiva sin la ayuda o la complicidad de países capaces de suministrar la tecnología adecuada para reconstruir las plantas y la fabricación de ojivas y misiles de largo alcance militarmente eficientes. Sin embargo, en su informe del 27 de enero de 2003, Hans Blix y Mohamed el Baradei señalaron que no se habían encontrado indicios de la existencia de armas de destrucción masiva en Irak, aunque también apuntaron que quedaban muchos interrogantes abiertos en el informe presentado por Bagdad a la ONU el 7 de diciembre de 2002, y concluían que se precisaba más tiempo y una mayor colaboración de Irak para llegar a conclusiones definitivas.

En el caso de los contactos del régimen iraquí con Al Qaeda, va a resultar muy difícil, por no decir imposible, encontrar pruebas de dicha relación, pues la organización de inspiración wahabita de Bin Laden se encuentra en las antípodas ideológicas del régimen totalitario de inspiración estalinista de Sadam Husein.* Además, el grupo al que se refiere la administración estadounidense para fijar la posible relación de Bagdad con Al Qaeda es Ansar al Islam, un grupo islamista radical kurdo cuyos dirigentes, seguramente, no perdonarán a Sadam Husein las atrocidades cometidas en el Kurdistán iraquí a lo largo de las tres últimas décadas. Otra cuestión es que Al Qaeda aproveche una guerra contra Irak para hacer valer sus argumentos de que Estados Unidos y el mundo occidental en general pretenden destruir el islam.

* El wahabismo es la versión oficial del islam en Arabia Saudí, considerado como la interpretación más rígida, conservadora y reaccionaria del texto sagrado de los musulmanes y de los principios islámicos.

Por último, la referencia, en el discurso de Bush, a la liberación de Irak de un dictador insoportable y su sustitución por un régimen de libertades no tiene contrastación posible antes del día de después. Las experiencias de otras intervenciones recientes no son el mejor ejemplo posible para avalar dicha hipótesis. Además, quedaría por legitimar la necesidad de las «intervenciones preventivas» para cambiar un régimen —no contempladas en la carta fundacional de las Naciones Unidas— y su posible extensión a todos los contextos donde se conculcan reiteradamente las resoluciones de la ONU, los derechos humanos fundamentales o ambos a la vez, sin entrar, no obstante, en la espinosa y no resuelta cuestión de quién debería decidir dichas intervenciones y en qué circunstancias.

El 5 de febrero de 2003, la comparecencia de Colin Powell acusó la falta de las pruebas contundentes que se habían prometido y no justificó la expectación levantada. En su intervención, el secretario de Estado no tuvo la convicción ni las pruebas presentadas por Adlai Stevenson en la crisis de los misiles de 1962. Tampoco George Bush goza de la confianza y la credibilidad que irradiaba John F. Kennedy en la comunidad internacional. Colin Powell necesitaba muchos más argumentos para obtener la aprobación de los miembros más reacios del Consejo de Seguridad —Rusia, Francia, Alemania, China— para embarcarse en una guerra contra Irak.

Horas antes de la intervención de Powell ante el Consejo de Seguridad, la BBC ya había difundido la noticia de que los servicios de inteligencia británicos no habían podido establecer ninguna conexión entre Al Qaeda y el régimen iraquí. Asimismo, habían expresado sus dudas sobre dicha vinculación la CIA y el FBI (Val, 2003). Por último, la conversación entre dos oficiales iraquíes, interceptada por escuchas telefónicas, en que uno le ordenaba a otro destruir los «agentes nerviosos» tampoco era una prueba de peso por la sencilla razón de que no se podía contrastar. La credibilidad de este tipo de pruebas quedó seriamente dañada en 1991 cuando un reportaje de la televisión canadiense puso al descubierto el montaje de las incubadoras.* El director de la UNMOVIC, Hans Blix, recordó que la opción de la ONU no era fácil porque tanto la contención continuada como la invasión generaban problemas. No obstante, también recordó que la invasión requería 250.000 soldados y 100.000 millones de dólares, mientras que para la contención sólo hacían falta 250 inspectores y 80 millones de dólares (*The Guardian*, 5-2-2003).

El 7 de febrero de 2003, el discurso del secretario de Estado Colin Powell recibió un nuevo golpe en la línea de flotación. *The Guardian* publicó que diversos expertos habían comprobado que un documento de los servicios de seguridad británicos citado por Powell («un buen informe», llegó a decir) para dar credibilidad de la contundencia de sus pruebas contra Irak plagiaba, a lo largo de diez de sus diecinueve páginas, el trabajo de Ibrahim al Marashi, de veintinueve años, estudiante iraquí de posgrado de la Universidad de Monterrey (California), sobre el rearme de Irak en los años previos a la segunda guerra del Golfo (White y Whitaker, 2003). Al día siguiente la pren-

---

* El 10 de octubre de 1990 una adolescente kuwaití explicó, con lágrimas en los ojos, cómo los soldados iraquíes entraron en el hospital donde trabajaba y sacaron a más de trescientos bebés de las incubadoras y los dejaron morir en el suelo. Sin embargo, después de ser liberado Kuwait se supo la verdad: la adolescente era la hija del embajador kuwaití en Estados Unidos y todo había sido un montaje para «vender» mejor la guerra entre la opinión pública estadounidense (*El País*, 1-2-2003).

sa internacional se hacía eco de la noticia (EFE, 2003).
Por si fuera poco, Adlai Stevenson le recordaba, en un artículo publicado por el *The New York Times*, ese mismo 7 de febrero, que su padre sí presentó pruebas contundentes contra la URSS en 1962 —los misiles instalados en Cuba— y que la generación de su padre y de John F. Kennedy se enfrentaron, con éxito, a la contención de aquella gran potencia, pero lo hicieron extrayendo lecciones de la historia y del pasado y desde un profundo respeto por las vidas humanas y por todos aquellos estadounidenses que dieron la suya por defender las libertades en la primera y la segunda guerra mundial. Sin embargo, el Irak de Sadam Husein no puede compararse a la URSS, sus armas de destrucción masiva sólo serán una amenaza si el país es atacado. «Y, después de todo, el gobierno de Irak es el mismo régimen baazista que fue ayudado por la Administración de Reagan cuando Bagdad usó las armas químicas en su sangrienta guerra contra Irán. Sin duda, Irak era entonces más fuerte y más peligroso.»

El artículo de Stevenson continuaba señalando que el objetivo de los 19 hombres armados con cúteres que llevaron a cabo los atentados del 11 de septiembre no era otro que, como en el atentado de Sarajevo que originó la primera guerra mundial, provocar una respuesta desproporcionada que pudiera interpretarse como una guerra de Estados Unidos contra el islam. Las amenazas de hoy requieren una contestación multidimensional, que incluya los esfuerzos por reducir las brutales diferencias entre los que nadan en la abundancia y los que apenas pueden sobrevivir, que son la mayoría de personas en el mundo. Stevenson concluía el artículo apuntando que «la Administración de Bush debería apoyar a la ONU, las inspecciones y la contención internacional de Irak [...]. [Entonces] la comunidad internacional [...] apoyaría a Estados Unidos, como hizo en octubre de 1962, cuando América» apostó por el camino de la paz (Stevenson, 2003).

Pero volvamos al discurso de Bush sobre el estado de la Unión, porque contenía una afirmación que dice mucho más que todas las consideraciones anteriores sobre los objetivos que perseguía Estados Unidos en su intento de derribar el régimen de Sadam. Haciendo referencia a Sadam Husein, Bush declaró que se trata de «un dictador brutal que exhibe una historia de agresiones temerarias a sus espaldas, conexiones con el terrorismo y *grandes reservas de riqueza, no se le va a permitir que se enseñoree de una región del mundo que es vital* ni que amenace a Estados Unidos» y añadió que «*la libertad* que estimamos es derecho de cada persona y no es un regalo de Estados Unidos al mundo; *es el regalo de Dios a la humanidad*» (la cursiva es mía). Estas dos frases encierran tres aserciones de no poca importancia para entender las motivaciones que impulsan la política exterior de la Administración de Bush.

En primer lugar, la referencia implícita a la necesidad de controlar las reservas de petróleo. En el documento «Defense Planning Guide», redactado por Paul Wolfowitz para el padre del actual presidente en 1992, ya se recordaba que uno de los intereses vitales de los países industrializados era el acceso libre y regular a las fuentes de energía. Recientemente, algunos analistas ya han apuntado que «no se puede evitar tener la impresión de que el petróleo es un interés económico y estratégico fundamental que ayuda a explicar por qué la administración Bush parece tan decidida a librar una guerra contra Irak como preludio de un cambio de régimen» (Falk y Krieger, 2003).

Entre los documentos más interesantes «escritos por y para la Administración Bush antes del 11 de septiembre»

(Sachs, 2003) figura el estudio realizado por el James Baker III Institute for Public Policy (Rice University-Council on Foreing Relations), *Strategic Energy Policy challenges for the 21st Century*, que deja bien claras algunas cuestiones (Morse y Jaffe, 2001):

1. A medida que avance el siglo XXI, el acceso a las fuentes de recursos energéticos (petróleo y gas natural) se van a convertir en un problema creciente para Estados Unidos y sus aliados.

2. Irak alberga la segunda reserva más importante de petróleo del mundo.

3. La estabilidad política del Oriente Medio, que en su conjunto alberga más de las dos terceras partes de las reservas de petróleo que hay en el mundo, y el establecimiento de alianzas con los regímenes políticos de la región resultan indispensables para mantener el suministro de petróleo a buen precio.*

4. Después de recordar que «Sadam Husein podría retirar el petróleo iraquí del mercado por un largo período de tiempo y que Arabia Saudí quizá no quisiera o no pudiera reemplazar» dicha producción, se recomienda a Estados Unidos que lleve a cabo un cambio radical de su política exterior respecto a Irak —se argumenta que la política de sanciones no ha dado los resultados esperados— y que busque el consenso de la ONU y de una gran coalición internacional para presionar a Bagdad con medidas

---

* El informe también recuerda que «si los regímenes del Golfo no son capaces de asegurar el nivel de vida de la creciente población, se podría producir un levantamiento social que llevara al poder a los elementos antioccidentales. Se albergan preocupaciones similares respecto a otros países productores de petróleo fuera del Golfo».

más drásticas a fin de propiciar un cambio que instaure un régimen más favorable a los intereses petroleros y geo-estratégicos de Washington. No hay que olvidar que algunos de los miembros más influyentes y conservadores de la Administración de Bush, como Dick Cheney y Ronald Rumsfeld, iniciaron su carrera política en 1974, con «el presidente Gerald Ford, una Administración maldita por el embargo de petróleo árabe que había comenzado el año anterior» (Sachs, 2003). Tampoco hay que olvidar que tanto el presidente Bush como algunos de sus principales colaboradores conocen bien el mundo de las compañías relacionadas con el petróleo: George Bush fue propietario, accionista o consultor de Arbusto Energy, de Bush Exploration, de Spectrum 7 y de Harken Energy antes de dedicarse a la política tras ganar las elecciones como gobernador de Texas en 1994; Dick Cheney fue presidente de la petrolera Halliburton entre 1995 y 2000; Condoleezza Rice trabajó para la compañía petrolera Chevron como experta en la zona del Kazajistán.

No hay que olvidar que los atentados del 11 de septiembre de 2001 dejaron un lastre de dudas en Estados Unidos sobre la lealtad del aliado saudí. Al mismo tiempo pusieron sobre la mesa la precariedad del control estadounidense sobre las reservas de petróleo del Oriente Medio si se revisaba la alianza saudí o el país entraba en un proceso de desestabilización política, escenario que muchos analistas no descartaban dada la creciente contestación al régimen, la precariedad de la salud real y la edad de los herederos (ninguno estaba por debajo de los ochenta años). Además, las resoluciones de la ONU no impedían a las compañías extranjeras firmar acuerdos con Irak a condición de que la explotación de los yacimientos de petróleo no se llevara a cabo mientras duraran las sanciones.

RESERVAS DE PETRÓLEO
(EN MILES DE MILLONES DE BARRILES) A 1 DE ENERO DE 2001

Estimación*

País/región	Oil and Gas Journal	World Oil	Porcentaje mundial	Número de orden
Canadá	4,7	5,6	0,51	20
México	28,3	26,9	2,72	9
Estados Unidos	22	22	2,17	12
América del Norte	**55**	**54,6**	**5,39**	
Brasil	8,1	8,5	0,82	16
Venezuela	76,9	47,6	6,13	6
América Central y del Sur	**94,5**	**67,5**	**7,97**	
Noruega	9,4	10,1	0,96	14
Reino Unido	5	4,7	0,48	21
Europa occidental	**17,4**	**17,6**	**1,72**	
Rusia	48,6	54,3	5,06	7
Europa oriental y repúblicas ex soviéticas	**58,9**	**66,1**	**6,15**	
Irán	89,7	96,4	9,16	4
Irak	112,5	115	11,2	2
Kuwait	96,5	98,8	9,61	3
Omán	5,5	5,8	0,56	19
Qatar	13,2	5,6	0,93	15
Arabia Saudí	261,7	265,3	25,93	1
Emiratos Árabes Unidos	97,8	62,8	7,9	5
Yemen	4	2,1	0,3	25
Oriente Medio	**683,5**	**654,6**	**65,84**	

RESERVAS DE PETRÓLEO
(EN MILES DE MILLONES DE BARRILES) A 1 DE ENERO DE 2001

País/Región	Estimación*			
	Oil and Gas Journal	World Oil	Porcentaje mundial	Número de orden
Argelia	9,2	12,7	1,08	13
Angola	5,4	9	0,71	18
Egipto	2,9	3,6	0,32	24
Libia	29,5	30	2,93	8
Nigeria	22,5	24,1	2,29	11
África	**74,9**	**86,4**	**7,94**	
China	24	30,6	2,69	10
India	4,7	3,3	0,39	23
Indonesia	5	9,7	0,72	17
Malaisia	3,9	5,1	0,44	22
Asia y Oceanía	**44,0**	**57,2**	**4,98**	
TOTAL MUNDIAL	**1.028,1**	**1.004,1**	**100,00**	

* Las estimaciones que utiliza la Energy Information Administration se basan en las publicadas por el *Oil and Gas Journal* y el *World Oil*.

Fuente: reelaboración de la información proporcionada por la Energy Information Administration.

En consecuencia, desde la guerra de 1991, compañías petroleras de más de una decena de países como Francia, Rusia, China, India, Italia, España, Vietnam, Argelia, Indonesia o Malaisia establecieron acuerdos para desarrollar los campos petroleros iraquíes, modernizar las instalaciones existentes y explotar nuevos yacimientos: las reservas de petróleo comprobadas de Irak se sitúan alrededor de los 115.000 millones de barriles de crudo, lo que supone un 11 % del total de reservas mundiales. Pero además, la

Energy Information Administration de Estados Unidos cree que las reservas no descubiertas podrían alcanzar los 200.000 millones de barriles de crudo.

«Curiosamente, las petroleras norteamericanas no pueden entrar en este juego hasta que (ironías del destino) su Gobierno decida levantar las sanciones que en su día impuso a Irak» (Marzo, 2002). Y éste es, posiblemente, uno de los puntos esenciales de la cuestión si tenemos en cuenta, además, que más de las dos terceras partes de las exportaciones de petróleo iraquí realizadas al amparo del programa Petróleo por Alimentos se dirigían a Estados Unidos. El fin del embargo obligaría a las compañías petroleras estadounidenses a negociar con las compañías extranjeras ya establecidas en Irak.

Una intervención militar para derrocar el régimen de Sadam Husein por el incumplimiento de las resoluciones de la ONU respecto a la fabricación y almacenamiento de armas de destrucción masiva tendría, pues, efectos directos sobre el control de los yacimientos y el mercado del petróleo. Los siete países del Golfo, que hoy producen el 30 % del crudo mundial, poseen las dos terceras partes de las reservas. De ahí su importancia estratégica y la lucha de intereses en torno a sus yacimientos. De ahí también que el posicionamiento de los distintos países en la ONU —sobre todo de Estados Unidos, Rusia y Francia— respecto a una intervención en Irak no pueda deslindarse de las posibles negociaciones sobre qué sucederá después de la intervención militar con los acuerdos ya firmados por el gobierno de Sadam Husein: serán respetados por el nuevo gobierno o se establecerán de nuevo (Segura, 2002 y 2003 en *Iraq. Objetivo Saddam*).

El petróleo de Irak es de alta calidad y fácil extracción y, en consecuencia, un gobierno estable y proestadouni-

PRODUCCIÓN ESTIMADA Y ACUERDOS DE INVERSIÓN EN CAMPOS PETROLÍFEROS IRAQUÍES

Compañías inversoras y campos petrolíferos	Producción estimada (barriles diarios)	Inversión prevista (dólares)
Total Fina Elf (Francia)		
Majnoon	500.000	4.000
Nahr Umar	440.000	3.500
Lukoil (Rusia)		
Qurna Oeste (segunda fase)	600.000	4.000
Machinoimport y Machinoexport (Rusia)		
Rumaila Norte	500.000	sin datos
Subo Sur	50.000	100
Luhais Sur	30.000	100
Petrom (Vietnam)		
Khormala Norte	100.000	sin datos
Stroyexport (Rusia)		
Nemrim Norte	80.000	sin datos
CNPC (China)		
Halfaya	250.000	2.000
Al Ahdab	90.000	700
ENI (Italia) con Repsol (España)		
Nasiriyah	300.000	2.000
Petronas (Malaisia) con Crescent (Pakistán), Shell (angloholandesa) y Can Oxy (Canadá)		
Ratawi	200.000	1.500
Reliance con ONGC (India), Pertamina (Indonesia) y Sonotrach (Argelia)		
Tuba	180.000	500
TPAO (Turquía) con Japex (Japón)		
Gharaf	100.000	500
Perenco con Sidanko (Rusia)		
Rafidain	100.000	500
TOTAL	**3.520.000**	**19.400**

Fuente: Marcel (2002), Shirkhani (2003).

dense permitiría disminuir la dependencia de los países desarrollados respecto a Arabia Saudí. La necesidad de buscar suministros alternativos de petróleo se hace evidente al ver la tendencia evolutiva del sector en los últimos treinta años. Hace tres décadas Estados Unidos podía satisfacer su necesidad de petróleo para el consumo doméstico. Desde entonces las reservas de este país no han hecho más que disminuir mientras el consumo aumentaba de forma cada vez más rápida. El resultado ha sido una creciente dependencia de las importaciones, que hoy satisfacen más del 60 % de la demanda del mercado interior.

En definitiva, los niveles de consumo actuales y las previsiones de crecimiento de las próximas décadas precisan la explotación de nuevas reservas: las de Irak son tan grandes como las de la cubeta del mar Caspio, Siberia, Alaska, el Mar del Norte y la plataforma del occidente de las islas Shetland, pero además son de mejor calidad y el coste de su extracción es menor. Éste es el escenario que mejor explica la determinación de la Administración de Bush en declarar la guerra a Irak. Para Washington es esencial controlar una región crucial en el suministro de energía a escala mundial e impedir que pueda desestabilizarse políticamente. Por eso la Administración de Bush está dispuesta a tomar unas medidas —es decir, a derrocar el régimen de Sadam Husein— que considera esenciales tanto para su seguridad como para la seguridad mundial (Rogers, 2002).

En segundo lugar, la política de la Administración de Bush se define también por otras coordenadas que poco o nada tienen que ver con el petróleo. Son las relacionadas con la necesidad de mantener el control y la seguridad en la región del Oriente Medio con la vista puesta en Israel. Ciertamente, ésta ha sido la región más conflictiva del mundo después de la segunda guerra mundial, con el enfrentamiento más largo de toda la historia del siglo XX (Segura, 2001 y Saramago y otros, 2002).

Desde los años cincuenta, la política de las administraciones republicanas en la región ha tenido dos ejes muy definidos, que vienen marcados por dos acontecimientos anteriores: la constitución del Estado de Israel en 1948 y el establecimiento de Aramco en Arabia Saudí en el primer tercio del siglo XX (la compañía estadounidense Arabian American Oil Company-Standard Oil firmó un contrato en 1933 que le permitía extraer el petróleo del subsuelo de Arabia Saudí y se convirtió en la punta de panza del poder de Estados Unidos en la región).

Por un lado, se trataba de garantizar que los regímenes prooccidentales —principalmente Arabia Saudí y otras monarquías del Golfo, Israel y el Irán anterior a Jomeini, pero también Jordania, el Egipto posnasserista y el Líbano anterior a la guerra civil de 1975-1989— tuvieran garantizada su seguridad y, en su caso, el control de sus recursos energéticos, fundamentales para las economías occidentales. Había que lograr un escenario de relativa estabilidad controlado por Occidente que, sin embargo, se veía constantemente cuestionado por las guerras árabe-israelíes, en la que, a pesar de tener aliados entre los países árabes, el posicionamiento acrítico e incondicional de Washington a favor de Israel le impedía realizar una mediación eficaz.

Por otro lado, Estados Unidos tenía el objetivo de conseguir que los estados árabes —o alguno de ellos— reconocieran al Estado de Israel, que era el mejor medio de garantizar su seguridad. Además, durante la guerra fría, se intentaba también tener la hegemonía en la región en detrimento de Moscú.

En las últimas tres décadas, la organización territorial del Oriente Medio ha evolucionado en un sentido desfavorable a como hubieran deseado las diferentes administraciones republicanas y, curiosamente, los mayores logros en el camino trazado —el reconocimiento de Israel por algunos estados árabes de la región (Egipto entre 1978 y 1980, la Autoridad Nacional Palestina en 1993 y Jordania en 1994) y los dos procesos de paz (entre Israel y Egipto con los Acuerdos de Camp David en 1978 y el hoy muerto entre Israel y la Organización para la Liberación de Palestina con los Acuerdos de Oslo de 1993 y 1995)— se alcanzaron bajo las administraciones demócratas de Jimmy Carter y Bill Clinton. Por una parte, es evidente que en los últimos años de la guerra fría, Washington había ganado la batalla a Moscú en el Oriente Medio y su influencia se extendía a países de regímenes tan distintos como Irán, Turquía, Pakistán, Jordania, Israel, Arabia Saudí, Kuwait, Omán, Qatar, Emiratos Árabes Unidos, Bahrein y Egipto. Incluso un pragmático Sadam Husein mantenía ambiguas relaciones comerciales y políticas con Washington. Por otra parte, el creciente radicalismo de Damasco y los acuerdos de Bagdad con Moscú preocupaban a Washington. Preocupación que se acrecentó con la revolución de Jomeini en Irán (1979), pues Estados Unidos perdió al aliado más poderoso en la región del Golfo.

La ayuda a Irak en la guerra contra Irán formaba parte de un proyecto de reestructuración de la política en el Oriente Medio, cosa que ya había intentado Londres en el período de entreguerras y en la inmediata posguerra cuando inventó países, rectificó fronteras, propició alianzas y separó pueblos con unos resultados catastróficos. Sin embargo, tras la primera guerra del Golfo, Sadam Husein exhibió unas ansias de poder y expansión que, como demostró la invasión de Kuwait en 1990, podían suponer una amenaza para la estabilidad política de la región y para la seguridad de Israel. Ahora, doce años más tarde, se pretende acabar, poniendo fin al régimen de Sadam Husein y remodelando las alianzas y el equilibrio de fuerzas en la región, el trabajo emprendido en 1991. Y, en este sentido, el Irak de Sadam Husein sí constituye una amenaza para los intereses estadounidenses en el Oriente Medio, como señaló Bush en su discurso sobre el estado de la Unión, porque supone un peligro potencial —muy relativo, todo hay que decirlo— para Israel y, sobre todo, porque impide llevar a cabo la reestructuración deseada por Washington, que necesita un Irak prooccidental y dispuesto, llegado el caso, a aceptar una reanudación del proceso de paz, sobre unas bases distintas a las de Oslo, que desemboque en «una paz sólida y aceptable para Israel y, por tanto, para Washington» y que suponga aliviar «la galopante demografía árabe en Cisjordania», lo que «favorecería la anexión por parte de Israel de alguna parte de los territorios ocupados» (Bastenier, 2002).

Por último, una frase tan contundente como la que figura al final del discurso sobre el estado de la Unión, «la libertad que estimamos es derecho de cada persona y no es un regalo de Estados Unidos al mundo; es el regalo de Dios a la humanidad», desborda el razonamiento político y nos proyecta hacia el razonamiento místico-religioso, que forma parte de la íntima concepción de la política del presidente Bush. Peligrosamente, la defensa de la intervención preventiva lleva hacia el discurso fundamentalista, porque si las libertades no son una conquista de los hombres y las mujeres, sino una gracia divina —un regalo—, se impone el deber moral de hacer copartícipe a toda la humanidad de dicho don. De la misma manera, para el islamismo radical, si la justicia no es una conquista de los hombres y las mujeres, sino una gracia divina, se impone el deber moral de hacer copartícipe a toda la humanidad de dicho don. En ambos casos, el creyente sólo debe dar el paso de la guerra para convertirse en el mensajero de Dios (Segura, 2003). El choque de fundamentalismos se convierte entonces en inevitable (Alí, 2002) y el Dios de la guerra se impone a las razones de la paz (Saramago, 2001).

De acuerdo con la decidida intención manifestada por el gabinete de George Bush de atacar Irak, a principios de 2003 empezaron a filtrarse los planes de una posible invasión. Eric Schmitt y Thom Shanker los resumían en el *The New York Times*. La operación militar se iniciaría con un bombardeo masivo e intensivo (3.000 bombas de precisión guiadas y misiles) durante las primeras 48 horas. Se destruirían así los centros neurálgicos y de comunicación, entre ellos el sistema de radares, las rampas de lanzamiento de misiles y de armas de destrucción masiva, los almacenes de agentes químicos y biológicos y las defensas antiaéreas de Irak. La campaña aérea, en la que intervendrían unos quinientos aviones, intentaría dañar al máximo la infraestructura iraquí procurando evitar, en la medida de lo posible, causar víctimas civiles. Por eso se utilizarían bombas de nueva tecnología —experimentadas en Serbia en 1999— capaces de bloquear la red eléctrica y el sistema de computadoras del ejército iraquí sin perjudicar las instalaciones necesarias para la reconstrucción del país: centrales eléctricas, red de distribución de agua, etcétera. Paralelamente, comandos de las fuerzas especiales, apoyados por helicópteros de ataque Apache y vehículos blindados aerotransportados, se lanzarían en territorio iraquí para atacar simultáneamente docenas de objetivos estratégicos, como campos de aviación y otros centros vitales situados en la retaguardia iraquí.

Al cabo de unos días, entraría en acción un importante contingente de tropas terrestres, carros de combate y vehículos blindados aerotransportados procedentes del norte de Kuwait y de Turquía y el norte de Irak. La acumulación de tropas llevada a cabo en los días previos estaría destinada a dar credibilidad a la amenaza de invasión y a provocar la desmoralización del ejército iraquí, lo cual desembocaría en deserciones masivas o incluso en un golpe del ejército contra el régimen. Los analistas del ejército estadounidense consideran que la campaña aérea no duraría más de una semana puesto que se usaría un 75 % de armas guiadas o inteligentes (frente al 9 % utilizado en 1991). En estos primeros días, se trataría también de evitar que el ejército iraquí utilizase armas químicas o biológicas o que se retirase hacia Bagdad u otras ciudades importantes, donde podrían prolongar la guerra obligando a las fuerzas atacantes a batirse en costosas batallas urbanas.*

Los escenarios de futuro previstos tras una intervención militar son muy inciertos a causa de la debilidad de la oposición y la inestabilidad política de la región. Dicha inestabilidad tiene hoy en día dos focos de referencia: la

---

* A pesar de lo que digan los informes, ésta es una posibilidad bastante remota dada la total desproporción de fuerzas. Sólo hay que recordar la nula capacidad de respuesta del ejército iraquí en 1991, que ni siquiera fue capaz de utilizar con eficacia sus defensas antiaéreas, los misiles de medio y largo alcance (incluidos los famosos Scud) ni las armas de destrucción masiva de que disponía en cantidades importantes. Doce años después, y tras un duro embargo que ha deteriorado el nivel de vida y la capacidad de rearme de Irak, resulta imposible que un ejército tan disminuido respecto a 1991 pueda hacer frente a otro mucho más poderoso que el de entonces.

crisis institucional, social y política de Arabia Saudí y el empeoramiento del conflicto de Palestina, que cada vez parece más lejos de una solución pacífica. No es casual que Bush padre, consciente del poder de desestabilización de este conflicto, intentara encontrar una solución al mismo mediante la convocatoria de la Conferencia de Madrid de 1991 y las posteriores negociaciones bilaterales que dieron origen a los Acuerdos de Oslo de 1993 y 1995.

Así, pues, no debe descartarse que una intervención militar en Irak desencadenara una crisis en Arabia Saudí y empeorara la situación en Palestina. De suceder así, sería muy difícil que Arabia Saudí, Israel y lo que quedara de la Autoridad Nacional Palestina no se vieran arrastrados a un conflicto regional del que tampoco podrían sustraerse, en una u otra medida, Jordania, Siria y Líbano. Por otra parte, la debilidad y la desunión de la oposición iraquí podrían dar lugar a una desmembración del país, con dos movimientos secesionistas claramente definidos: el kurdo al norte del paralelo 36, que probablemente intentaría conseguir la importante zona petrolera de Mosul y Kirkuk; y el shií al sur del paralelo 32, que mantendría en su territorio las ciudades santas del shiísmo, Kerbala y Najaf, pero también la casi totalidad de los principales yacimientos petrolíferos al sur de Bagdad. En este caso, la secular oposición entre suníes y shiíes, realimentada por la implacable represión del régimen de Sadam Husein contra los dirigentes religiosos y la población shií, podría derivar en un conflicto abierto con la implicación de países terceros como Irán que contribuiría todavía más a desestabilizar la región.

El otro escenario posible, que sin duda es el que contemplaban los asesores de Bush, es el de una guerra rápida que permitiera derrocar a Sadam Husein sin que se desmembrara el país y sustituirlo prontamente por un gobierno de unidad —con representación kurda y shií— liderado, a ser posible, por un militar de la confianza de Washington. Es una solución similar a la de Afganistán pero, para garantizar su éxito, habría que tener en cuenta acciones colaterales que Washington no parecía dispuesto a asumir. Por un lado, habría que desplazar un importante contingente de fuerzas, no tanto para ganar la guerra como para garantizar la unidad y la paz posteriores y el control de los yacimientos de petróleo. Por el otro, habría que impulsar una salida igualmente rápida o controlada a la posible crisis saudí. Al mismo tiempo, sería necesario encontrar una solución del conflicto de Palestina aceptable para los palestinos y el mundo árabe. Por último, habría que luchar eficazmente contra el terrorismo —que tiene en la ocupación de Gaza y Cisjordania y la presencia de tropas estadounidenses en Arabia Saudí un argumento de primera mano y de amplia resonancia en el mundo musulmán— para borrar del horizonte la imagen no deseada de los pozos de petróleo quemando a consecuencia de atentados terroristas.

En suma, la intervención militar en Irak llevaría a considerar otros factores que, en ningún caso, pueden obviarse: 1) ¿qué reacción podrían tener las fuerzas armadas iraquíes?; 2) ¿qué futuro Irak proyectan los analistas que influyen en las decisiones de la Administración de Bush?; 3) ¿qué cabría esperar de la oposición en el Irak posterior a Sadam?; 4) ¿cuál podría ser el coste económico y, sobre todo, humano de una guerra en Irak?

Las fuerzas armadas han sido, sin duda, la institución del Estado más castigada por las purgas y las depuraciones sangrientas de Sadam Husein. El octavo congreso del Partido Baaz iraquí (1974) decidió «baasizar» las fuerzas armadas, es decir, adoctrinarlas expulsando o eliminando a todos aquellos mandos sospechos de no ser suficientemente dóciles y leales al Baaz y reestructurar y aumentar el número de efectivos, la capacidad y la eficacia del ejército. Al mismo tiempo, sin embargo, el Consejo de Mando de la Revolución (CMR) fue perdiendo su carácter militar para ser controlado por miembros civiles del Partido Baaz. Como señala Faleh A. Jabar (2003), el CMR, el órgano supremo del país formado únicamente por militares cuando tomó el poder en 1968, sólo contaba con cinco militares entre los quince miembros que lo integraban tres años más tarde. «Y cuando Sadam Husein concentró todo el poder entre sus manos en 1979 ningún militar formaba parte del RCC [CMR].»

Después de la segunda guerra del Golfo, las fuerzas armadas se dividían en dos conjuntos claramente diferenciados: la Guardia Republicana, una especie de guardia pretoriana al servicio de la seguridad de Sadam Husein, y el ejército regular, que se redujo de un millón de efectivos a 350.000, mientras las existencias de armamento se reducían a la mitad a causa de la campaña aérea de la coalición internacional. Nunca fueron repuestas, excepto las defensas antiaéreas. Tampoco los cambios en la cúpula del ejército —el más importante fue la sustitución al frente del Ministerio de Defensa del siniestro Ali Hassan al Majid, *Alí el químico*, por Thabit Sultan en 1996— lograron elevar la moral de unas tropas incapaces de vencer los efectos de la severa derrota de 1991. En un intento de cohesión evidente, las personas procedentes del mismo clan que Sadam Husein representan entre el 35 y el 85 % de los mandos superiores y medios del ejército.

Paul Rogers (2002) ofrece unas estimaciones semejantes sobre la fuerza del ejército iraquí y calcula que tendrá

unos 375.000 soldados incluyendo las reservas movilizadas, pero que, en general, se trata de unas tropas mal per-
trechadas y poco eficientes en combate. En suma, el total
de tropas leales y de máxima fidelidad al régimen de Sadam Husein oscila entre los 80.000 y los 120.000-
140.000 soldados como máximo

¿Qué cabría esperar de este ejército, teniendo en cuenta que en un nuevo conflicto con Estados Unidos lo que realmente se ventila es el fin del régimen del Partido Baaz?
¿Podría el sentimiento de amenaza colectiva cohesionar a
las fuerzas armadas hasta el extremo de ofrecer una resistencia hasta el final? O, por el contrario, como sostienen la
mayoría de analistas, ¿los efectivos del ejército regular de-
sertarían en masa a los primeros bombardeos, mientras la
Guardia Republicana, mejor pagada y equipada, se mantendría fiel a Sadam Husein y combatiría hasta el final?
Éste es el marco que seguramente también contempla el régimen de Sadam Husein, que, como ha resumido Faleh A.
Jabar (2003), intentará sobrevivir apelando a las formas de
religión populares y oficiales, que combinan el sentimiento
antishií entre la población suní y las *fatwas* de los dirigentes religiosos shiíes para mantener la fidelidad de la población de Bagdad y del sur del país, en sustitución de un nacionalismo muy debilitado; a la fortificación y resistencia
en las grandes ciudades, que se consideran los campos de
batalla más favorables porque su conquista comportaría el
riesgo de producir importantes víctimas civiles, lo que tendría un fuerte impacto en la opinión pública internacional,
e importantes bajas a las fuerzas atacantes, lo que tendría
un fuerte impacto en la opinión pública estadounidense; a
la utilización en beneficio propio de la cobertura mediática
de la guerra, cosa que no sucedió en 1991, más fácil si
se consiguiera trasladar la batalla a las ciudades donde se

concentrarían los periodistas llegados de todo el mundo; al establecimiento de un sistema bipolar o tripolar de poder —Sadam Husein, su hijo Qusay y el mando de la Guardia Republicana que ocupa el general Kamal Mustafá— para intentar garantizar la continuidad del régimen, y, por último, a la extinción de cualquier conato de rebelión de la población civil aprovechando el inicio de los ataques, para lo cual se procedió a sustituir los gobernadores militares de todo el país por mandos militares.

En conclusión, Jabar cree que, a juzgar por la experiencia de 1991, el ejército regular y la Guardia Republicana podrían batirse, rebelarse o desintegrarse. Que suceda una cosa u otra dependerá de las circunstancias, del momento y del lugar. Mucho más impensable es la posibilidad de un golpe militar, porque el ejército no está tan politizado como en 1958 y porque, dada la fidelidad de la Guardia Republicana al dictador, cualquier golpe militar debería contar con más de la mitad del total de efectivos para poder abortar cualquier posibilidad de reacción o respuestas de las divisiones de esta guardia pretoriana. A no ser, claro está, que el movimiento golpista se produjera en el seno mismo de la Guardia Republicana, cosa que parece poco verosímil pero no imposible ante la eventualidad de una aniquilación total.

La Administración de Bush parecía haber elaborado diversos planes para el día de después de la invasión de Irak y del fin del régimen de Sadam Husein. De nuevo, un estudio realizado por el James Baker III Institute for Public Policy (Djerejian, Wisner, Bronson y Weiss, 2003) puede servir de guía para aproximarse a lo que pensaban los asesores de Bush y el propio presidente. En primer lugar se definieron los objetivos:

1. Conservar la unidad territorial de Irak.

2. Destacar la importancia de un Irak libre de armas de destrucción masiva que no constituyera ningún peligro para sus vecinos.

3. Promover un gobierno iraquí tras el derrocamiento de Sadam, basado en los principios democráticos y en la diversidad de la población de Irak, defensor de los derechos humanos y la economía de mercado.

4. Hacer hincapié en que Estados Unidos no tiene ninguna intención de convertirse en los gobernantes de Irak sino que, como señaló Donald Rumsfeld, desea promover un gobierno formado por iraquíes.

5. Estimular la ayuda multilateral y de la ONU para la reconstrucción del país, en la que deberían participar, en primer lugar, los países vecinos del mundo árabe y del mundo musulmán, y los países occidentales.

6. Antes, durante y después del conflicto deberán realizarse los máximos esfuerzos diplomáticos para obtener un apoyo mínimo de los países árabes, con el compromiso de que la reconstrucción permitirá a Irak vencer el atraso económico actual y reintegrarse plenamente en la comunidad internacional.

El informe contempla tres fases. A corto plazo, los dos meses inmediatamente después del fin de las hostilidades, deberá establecerse un coordinador estadounidense para Irak que dará comienzo a las tareas de reconstrucción y organización del país; se procederá a localizar y destruir las armas de destrucción masiva, así como los programas asociados; se restablecerá la ley y el orden después del vacío dejado por la desaparición de Sadam Husein y la eliminación de la Guardia Republicana, la Guardia Republicana Especial, los servicios de inteligencia y otras instituciones del régimen baazista, pero, al mismo tiempo, se intentará preservar el ejército, porque en el futuro será el garante de la paz, pero no aquellos mandos que hayan cometido crímenes y conculcado los derechos humanos, que serán juzgados y condenados; se eliminará el sistema represivo levantado por Sadam Husein y el Partido Baaz y se juzgarán todos los crímenes y excesos cometidos por los miembros del partido único; se preservará la integridad territorial de Irak y la cohesión interna mediante una estructura federal y consejos consultivos, que ayudarán a los comandantes militares a solventar los problemas locales, de los que formarán parte líderes iraquíes de ámbito nacional y regional y representantes de la oposición exiliada, y, finalmente, se distribuirá asistencia humanitaria y se restablecerán los servicios básicos, utilizando, al principio, los ingresos proporcionados por el programa Petróleo por Alimentos.

En un plazo medio de tres meses a dos años, se instaurará un gobierno provisional iraquí bajo supervisión internacional y de la ONU. Las medidas adoptadas por el coordinador en la primera fase y las iniciativas del gobierno provisional en la tercera fase se harán públicas a través de los medios de comunicación para evitar especulaciones sobre el control y la utilización del petróleo iraquí. La tercera fase dará comienzo después de dos años con la constitución de un gobierno iraquí soberano.

A diferencia de lo que apuntan otras informaciones, el informe del James Baker III Institute for Public Policy cree que cualquier comparación con el gobierno militar estadounidense que se estableció en Alemania y Japón en 1945 es incorrecta, porque «el pueblo iraquí va a ser liberado, no derrotado». De ahí que la intención no sea imponer las soluciones y sí establecer rápidamente un gobierno provisional formado por la oposición del exilio. A continuación, el documento considera la acción relacionada con el petróleo (sin duda, es un tema de suma importancia, pues el informe le dedica trece de sus veintiocho páginas), que debe guiarse por cuatro principios:

1. Los iraquíes deberán mantener el control de sus recursos petroleros (y de gas).

2. Una parte de los beneficios se dedicará a mejorar la infraestructura de los yacimientos, la red de distribución y la industria de hidrocarburos.

3. Se igualarán las oportunidades para que todas las compañías petroleras internacionales puedan participar en condiciones similares en la reparación y desarrollo de las infraestructuras del sector y en las nuevas prospecciones que pudieran realizarse.

4. Los beneficios proporcionados por el sector de los hidrocarburos deberán ser compartidos por todos los ciudadanos de Irak; el programa Petróleo por Alimentos es un punto de partida óptimo para distribuirlos a lo largo y ancho del país.

Se cree que, dentro del programa de reconstrucción, sólo hacer frente a las necesidades más inmediatas costará entre 25.000 y 100.000 millones de dólares, mientras que la reparación de las instalaciones petroleras y la restauración de la capacidad eléctrica que había en 1990 significará un desembolso de 25.000 millones de dólares más. Como los beneficios de las exportaciones de petróleo sólo proporcionan actualmente 10.000 millones de dólares anuales —aunque se calcula que muy pronto podrían proporcionar mucho más si se doblara o triplicara la producción hasta llegar a los seis millones de barriles diarios—, es evidente que se necesitará la financiación de los países vecinos y de los países occidentales para hacer frente a la reconstrucción del país.

Por último, para los autores del informe, la cuestión más delicada es cómo reaccionará el mundo árabe y musulmán ante el ataque a Irak y durante el período de transición. Los autores no excluyen nuevos atentados terroristas contra Estados Unidos y sus aliados, y aconsejan reemprender la mediación en el conflicto palestino-israelí adoptando las resoluciones del Cuarteto (ONU, Estados Unidos, Unión Europea y Rusia) que deberían llevar a la constitución de un Estado palestino. Por otra parte, se advierte que cualquier tentativa de formar un Estado kurdo independiente ocasionaría problemas con Turquía (por eso se habla de la necesidad de preservar la unidad territorial). Asimismo se aconseja mejorar las relaciones con Irán con el fin de despejar el temor de Teherán a que Estados Unidos aproveche la ocasión para inmiscuirse en su política interna y, al mismo tiempo, evitar posibles ambiciones territoriales de Irán. Finalmente, se recuerda la necesidad de establecer planes de cooperación entre el nuevo Irak y los países vecinos, de dar cabida en el ejército iraquí a todos los grupos del país —shiíes, suníes, kurdos, turcomanos, asirios, etcétera— y de mantenerlo en unas dimensiones adecuadas para la defensa de su territorio sin que constituya una amenaza para sus vecinos. Esta tarea deberá hacerse cuidadosamente para no exacerbar los miedos regionales.

En suma, un plan de una ingenuidad —o de un cinismo— absoluta que pretendía que las tropas estadounidenses y sus aliadas fueran vistas por las poblaciones árabes y musulmanas de la región como tropas de liberación, cuando proyectaban el mayor despliegue bélico, tanto en potencial como en capacidad de fuego, que ha conocido nunca la región. Y esa percepción es independiente del carácter dictatorial y sanguinario del régimen de Sadam Husein, que nadie discute y que está de sobras probado.

En un artículo publicado en el *The New York Times*, David E. Sanger y James Dao (2003) son mucho más críticos con los planes de George Bush que el idílico informe elaborado por los expertos del James Baker III Institute for Public Policy. Creen que los planes del presidente Bush para democratizar Irak exigirán una presencia militar de por lo menos 18 meses y se convertirán «en el esfuerzo estadounidense más ambicioso para administrar un país desde las ocupaciones de Japón y Alemania al final del segunda guerra mundial», porque, aun disponiendo de los beneficios proporcionados por las exportaciones de petróleo, requerirá sumas enormes. A pesar del nombramiento de un gobierno provisional iraquí encargado de gestionar la reconstrucción —escuelas, hospitales, infraestructuras, ayuda humanitaria, etcétera—, esta situación neocolonial comportaría muchos problemas y debería enfrentarse a la hostilidad de los países árabes, que no verían con buenos ojos una presencia prolongada de tropas estadounidenses en Irak.

En definitiva, y en palabras de Francesc Lausín (2003), «pocas dudas existen de que una "coalición potente", como gusta en definirla el presidente George Bush, atacará Irak con la excusa de que posee un arsenal de armas de destrucción masiva tan extraordinariamente peligroso que ha llevado a Estados Unidos a incluir a ese país en el grupo de enemigos que justifican, incluso, el despliegue del sofisticado escudo antimisiles [...]. La "potente coalición" que Estados Unidos ha ido tejiendo en torno a Irak dispone de bases y tropas en Turquía, Kuwait, Bahrain, Qatar,

Arabia Saudí, Omán, Yibuti y la isla británica de Diego García (en el océano Índico) [...]. Falta por determinar la fecha exacta del ataque, pero la gran incógnita sin despejar sigue siendo para qué. Como en 1991, Washington dispone de numerosas alternativas militares y de ningún proyecto político para la transición iraquí».

En la operación proyectada por la Administración de Bush se precisaba legitimar la ocupación militar con el consenso internacional y del mundo árabe-musulmán, cosa casi imposible, y con la aquiescencia de la oposición iraquí. Contar con el apoyo de la oposición sería una forma menor de legitimar la ocupación militar y de contrarrestar las simpatías que aún pudiera despertar entre algunos sectores de la población de Irak el régimen de Sadam Husein. Sería como una reproducción del modelo de intervención que aplicó en Afganistán. Sin embargo, como se ha visto, en Irak la oposición es mucho más débil y menos cohesionada, por no decir inexistente y sin credibilidad, y, sobre todo, los que podrían hacer el papel de Alianza del Norte, los partidos kurdos (el PDK y la UPK), no tienen ningún interés en mantener unido Irak ahora que el Kurdistán iraquí goza de una autonomía prácticamente completa y sólo les faltaría formar parte con representación propia de la organización internacional, cosa que Turquía, y más veladamente Irán y Siria, nunca admitiría.

La estimación de los costos económicos de una intervención militar en Irak y de la posterior reconstrucción del país ha generado una abundante literatura académica e institucional desde el verano de 2002 (Congressional..., 2002; Nordhaus, 2002-2003, Baker y Weisbrot, 2002). En la versión más reciente, William D. Nordhaus proporciona una horquilla de estimaciones que van desde los 121.000

millones de dólares de 2002 para una guerra corta favorable a Estados Unidos a los 1,595 billones de dólares de 2002 para una guerra y una reconstrucción prolongadas y desfavorables (2003-2012). Nordhaus advierte que el proceso incluso podría ser peor y durar más de una década. Entre esas bandas de valores caben todas las situaciones intermedias posibles, que van del 1,22 % al 16,04 % del producto interior bruto de 2001. En caso de una guerra y una reconstrucción prolongadas, el coste representaría un 1,60 % del producto interior bruto anual durante una década, lo que, de no compensarse por otros medios, proyecta una negra sombra sobre la evolución de la economía estadounidense en los próximos años si tenemos en cuenta que «la deuda exterior representa hoy el 22 % del producto interior bruto y los inversores extranjeros detentan más del 10 % de las acciones de las empresas estadounidenses, más del 20 % de las obligaciones de las empresas y más del 35 % de las obligaciones del Estado» (*Atlaseco...*, 2002). Como señala el profesor de economía de la Universidad de Yale, «mi primera preocupación es que George W. Bush no ha hecho ningún cálculo público serio de los costes de la guerra que se avecina [...]. Es preocupante la promesa de ocupación, reconstrucción y construcción nacional de posguerra en Irak. Si los contribuyentes norteamericanos se niegan a pagar los "platos rotos", esto dejaría una montaña de escombros y muchedumbres hambrientas en Irak y en la región» (Nordhaus, 2003).

Además, en la segunda guerra del Golfo, que tuvo unos costos mucho menores (80.000 dólares de 2002), los Estados Unidos de Bush padre sólo tuvieron que hacer frente al 20 % de la factura, ya que países como Alemania, Japón, Arabia Saudí y Kuwait, principalmente, asumieron su mayor parte. Se trataba entonces de una gran coalición internacional que actuaba de acuerdo con las normas del derecho internacional bajo el paraguas de las resoluciones de la ONU. La situación actual es muy distinta. No se parte de un hecho inicial claro de conculcación del derecho internacional y de la carta fundacional de las Naciones Unidas, como fue la invasión de Kuwait. Al contrario, se parte de la acusación que se hace a Irak de ser poco diligente en el cumplimiento de las resoluciones de la ONU y de la amenaza de una acción unilateral, es decir, llegado el caso, sin el respaldo de la ONU, por parte de la gran y única superpotencia. Es evidente que esa situación, tan distinta a la de 1991, no concita la unanimidad de una década antes. De ahí surgen las enormes dificultades del gobierno estadounidense para lograr la «potente coalición» por la que clama el presidente Bush. Y claro, las preguntas son evidentes: ¿Quién pagará esta vez la guerra? ¿Cómo se repercutirán los costos de la guerra?

De lo que no cabe duda es de que en víctimas y destrucción de guerra los costos recaerán sobre la población de Irak. El 23 diciembre de 2002, la ONU hizo circular un documento confidencial, «Likely Humanitarian Scenarios», que evaluaba los costes humanos de la guerra. Los datos son tan evidentes que ahorran cualquier comentario:

1. Se estima que las víctimas directas (100.000) e indirectas pueden llegar a ser 500.000 entre una población sometida a riesgo de 5,4 millones de personas, que precisarán un tipo u otro de asistencia.

2. Más de tres millones de personas padecerán problemas de nutrición (dos millones serán niños menores de cinco años) y un 39 % de la población precisará agua potable.

3. El total de desplazados internos superará los dos millones de personas, aparte de las más de novecientas mil que huirán a Irán y las cincuenta mil que lo harán a Arabia Saudí. Otro medio millón de refugiados se dirigirá hacia las fronteras de Irak, donde será necesario establecer campamentos de asistencia y refugio, y donde unos cien mil iraquíes requirirán asistencia sanitaria inmediata (ONU, 10 de diciembre de 2002).

La crisis abierta por el incumplimiento de las resoluciones de la ONU por parte de Irak y la determinación de la Administración de Bush de utilizar la fuerza para acabar con el régimen de Sadam Husein han obligado, desde el verano de 2002, a tomar partido y han abierto varios debates. Éstos discuten la posibilidad de utilizar otros métodos para obligar a Irak a cumplir dichas resoluciones; el carácter de la intervención militar; el actual modelo energético, y el papel desempeñado por la ONU y el derecho internacional en la actual crisis.

¿Es la guerra inevitable o es el único camino posible para obligar al régimen de Sadam Husein a cumplir con las resoluciones de la ONU y, por lo tanto, deshacerse de todas las armas de destrucción masiva y de todos los misiles de largo alcance (más de 150 kilómetros cuadrados), que según se afirma constituyen una amenaza para los países vecinos y para la paz mundial?

A simple vista, la respuesta parece evidente, como demostraron las manifestaciones en contra de la guerra del 15 de febrero de 2003 que congregaron a millones de personas en todo el mundo, incluidas las principales ciudades de Estados Unidos. En Europa occidental las encuestas ponían de relieve que una gran parte de la opinión pública y la sociedad civil estaba en contra de la guerra. En Francia y otros países prácticamente todo el arco parlamentario era contrario a la guerra. Lo mismo sucedía en España e Italia, con excepción de populares y populistas. En el Reino Unido, Tony Blair tenía más partidarios de la guerra entre los miembros de la oposición conservadora que entre los de su propio partido, del que algunos destacados dirigentes participaron y lideraron la manifestación que congregó a un millón de personas en Londres.

La oposición a la guerra se extendió entre artistas, cantantes, diseñadores de moda y modelos. También políticos, escritores e intelectuales mostraron su posición contraria a la guerra. El senador por Massachusetts Edward Kennedy (2003) advertía que la guerra podía proporcionar argumentos y nuevos adeptos a Al Qaeda, un peligro que la Administración de Bush había minimizado. Además, «ninguna guerra puede llevarse a cabo con éxito si no cuenta con el apoyo masivo de los estadounidenses», cosa que, como señalaban las encuestas, no se estaba dando.

El profesor emérito de la Universidad de Georgetown y asesor del Comité Progresista del Congreso, Norman Birnbaum (2003), recriminaba a los jefes de gobierno de España, Dinamarca, Hungría, Italia, Polonia, Portugal, el Reino Unido y la República Checa que expresaran su apoyo acrítico e incondicional al presidente Bush y a su «plan milenarista [...] para democratizar Oriente Próximo». Y eso en contra de la opinión mayoritaria de sus ciudadanos y del profundo e intenso debate que se estaba produciendo en Estados Unidos, donde «la consternación, la duda y la oposición a una guerra contra Irak están aumentando con rapidez». De hecho, la actitud de estos dirigentes no hacía sino romper la unidad europea, que entraba en crisis de forma evidente ante las puertas de la ampliación.

Felipe González (2003) ponía sobre la mesa once argumentos contra la guerra, entre los cuales destacaba un no rotundo al unilateralismo y a la guerra preventiva por ser contrarios a la carta fundacional de la ONU (1945). También el escritor israelí Amos Oz se mostraba contrario a esta guerra porque añadiría «leña al fuego de la conflagración, de la sensación de afrenta, la humillación, el odio y el deseo de venganza que existe en grandes partes del mundo [...] [y porque] el despreciable régimen de Sadam Husein debe ser derrocado desde dentro, por fuerzas iraquíes».

Pero, sin duda, uno de los posicionamientos contra la guerra más contundentes fue el del escritor británico John Le Carré (2003), quien afirmaba que «EE UU ha entrado en uno de sus períodos de locura histórica, pero éste es el peor de cuantos recuerdo: peor que el macartismo, peor que la bahía de Cochinos y, a largo plazo, potencialmente más desastroso que la guerra de Vietnam. La reacción al 11-S ha ido más allá de lo que Osama hubiera esperado en los sueños más siniestros. Como en la época de McCarthy, los derechos y las libertades nacionales, que han hecho de EE UU la envidia del mundo, están siendo erosionados de forma sistemática. [...] Lo que está en juego no es un *eje del mal*, sino petróleo, dinero y las vidas de la gente [...]. Lo que está en juego es la necesidad de EE UU de demostrar su enorme poder militar a Europa y a Rusia y a China y a la pobrecita loca de Corea del Norte, así como a Oriente Próximo; mostrar quién manda dentro de EE UU y quién debe someterse a EE UU en el exterior».*

* El artículo publicado por *El País* es una versión ampliada de la

También la Iglesia católica, el Consejo Nacional de Iglesias de Estados Unidos, incluida la Iglesia Metodista Unida de la que es miembro el presidente Bush, y otras iglesias cristianas se manifestaron en contra de la guerra porque «contraviene la ley internacional y la ley de Dios», según el *spot* publicitario en contra de la guerra del Consejo Nacional de Iglesias. En el Reino Unido, tanto la Iglesia anglicana como la católica manifestaron su opinión contraria a la guerra. Lo mismo hizo la Iglesia católica, a través de sus obispos, en España, Italia y otros países europeos. Además, la guerra contravenía los principios de la teoría clásica de la guerra justa, una tradición fijada hace más de mil años y que el Papa reactualizaba al recordar que una guerra sólo puede ser justa si: «1) es en legítima defensa ante una amenaza clara e inminente; 2) no hay otro medio disponible para enfrentar la amenaza; 3) hay proporción entre los daños que la guerra causará y el mal que se quiere evitar, para que el remedio no sea peor que la enfermedad; 4) dura poco tiempo, y 5) la guerra se hace de acuerdo con las normas civilizadas comúnmente aceptadas, respetando la vida de los no combatientes, de los heridos y de los prisioneros. Juan Pablo II entiende que estas condiciones no se cumplen en el conflicto entre Irak y la comunidad internacional y ha manifestado solemnemente que un ataque de EE UU a Irak no estaría justificado moralmente» (De Sebastián, 2003).

Michael Walzer ha reflexionado largamente sobre la justicia del recurso a la guerra y sobre las seis reglas tra-

contribución del autor al debate organizado por OpenDemocracy bajo el título *Iraq: War or not?* donde pueden consultarse también las opiniones de Günter Grass, Susan Griffin, Denis Halliday, Federico Mayor, Joseph Nye, Salman Rushdie y José Saramago.

dicionales o requisitos que debían exigirse a un Estado para utilizar justamente dicho recurso: «Causa justa, correcta intención, declaración pública de la guerra por una autoridad legítima, ser el último recurso, probabilidad de éxito y proporcionalidad» (Rafael Grasa en Walzer, 2001). En el caso de la guerra contra Irak parece evidente que la mayoría de estos requisitos no se dan, por lo menos en lo que se refiere a que sea una causa justa, a que responda a una correcta intención, a que la declaración pública de guerra haya sido formulada por una autoridad legítima, a que se trate realmente del último recurso y a que el ataque sea proporcional al mal que se pretende evitar.*

William Pfaff (2003) lo ha resumido espléndidamente: «La opinión popular no conoce los criterios establecidos para la guerra justa en la Edad Media, cuando el derecho internacional pugnaba por nacer. Pero el sentido común nos dice si una guerra tiene sentido o no [...]. Los principios consisten en que la guerra debe tener un motivo grave y ser el último recurso, tras haber intentado en vano todas las soluciones pacíficas. Se supone que debe haber una evidencia convincente de que la guerra hará más bien que mal. Se supone que existe la "intención correcta", que el país que inicia la guerra no actúa para servir a sus estrictos intereses políticos o por beneficio material».

En este caso, mucha gente estaba convencida de que la guerra no respondía a «un motivo grave» ni era «el último recurso». De hecho muchos analistas —y los mismos in-

---

* Es importante señalar que, tras los atentados del 11 de septiembre, Michael Walzer fue uno de los sesenta intelectuales (entre los que también destacaban Amitaï Etzioni, Samuel Huntington, Francis Fukuyama, Michael Novak y Theda Skocpol) que firmaron la carta *What We're Fighting For* (Por qué luchamos) en la que se justificaba la guerra contra Afganistán (Institute for American Values, 2002).

formes emitidos por la UNSCOM, la UNMOVIC y la AIEA— consideraban que era posible desarmar a Irak mediante un incremento de las inspecciones, el número de inspectores y los niveles de supervisión de la ONU (Cortright, 2002 y 2003). Estas medidas son las que especificaba el denominado *plan alternativo francoalemán*, que proponía triplicar el despliegue de inspectores en Irak, con la cobertura militar de los cascos azules de la ONU y un intenso control aéreo. Dicho plan, que se conoció a finales de la segunda semana de febrero de 2003, irritó profundamente a la Administración de Bush, que lo consideró una maniobra de la «vieja Europa» —según la terminología empleada por el secretario de Defensa de Estados Unidos, Donald Rumsfeld— para retrasar la guerra y dar una oportunidad a Sadam Husein de salvarse.

El ex presidente de Estados Unidos y premio Nobel de la Paz en 2002, Jimmy Carter, se declaró contrario a la guerra e insistió en que «el coste de los equipos de inspección en el propio lugar de la investigación sería ínfimo comparado con la guerra; a Sadam no le quedaría otra alternativa que la de cumplir con lo que se le exige. Los resultados serían indudables y ciertos, se evitarían víctimas civiles, se registraría un apoyo internacional casi unánime y Estados Unidos podría recuperar su liderazgo combatiendo la verdadera amenaza del terrorismo internacional» (Carter, 2003). En la misma línea se manifestaba Paul Kennedy, uno de los historiadores de mayor prestigio dentro y fuera de Estados Unidos, que, en una analogía del cuento de Gulliver, proponía «invadir» Irak de cascos azules, de inspectores de la ONU; de funcionarios del Alto Comisionado de Naciones Unidas para los Derechos Humanos; del Programa para el Desarrollo, del Programa Mundial de Alimentos y de otros organismos de la

ONU; del Banco Mundial y del Fondo Monetario Internacional, y de cooperantes y expertos de organizaciones no gubernamentales, benéficas y religiosas para establecer las necesidades reales de la población del país y controlar de manera eficaz la distribución de los alimentos obtenidos a través del programa Petróleo por Alimentos. «En caso de que esto se pusiera en práctica, y rápidamente, el impresentable régimen del Gulliver de Bagdad se vería amarrado por un increíble número de cuerdas y nudos [...] [y] sería inconcebible imaginar que, bajo tales circunstancias, un Sadam inmovilizado pudiera reanudar cualquier programa oculto para fabricar armas de destrucción masiva» (Kennedy, 2003).

Sobre el concepto de guerra preventiva poco o nada queda por añadir. Como señala Gregorio Morán (2003), «toda guerra preventiva, desde Tito Livio, no es otra cosa que una guerra imperialista, y no hay que pedir disculpas por las expresiones, por más que se hayan deteriorado las palabras por su uso torticero». O lo que es lo mismo, «para no confundir a la opinión pública, ha de recordarse que en el pasado jamás hubo guerras preventivas, sino simplemente actos de agresión —guerras ofensivas» (Mesa, 2003).

Pero, sin duda, al considerar la intervención militar, hay que tener en cuenta también cómo afecta ésta a los países vecinos, que juegan sus propias cartas. Turquía es quien tiene mejores cartas: como condición para colaborar con Estados Unidos pidió compensaciones económicas —30.000 millones de dólares— destinadas a enmascarar las verdaderas motivaciones políticas a corto y medio plazo. A corto plazo, la colaboración turca tiene el precio innegociable de obtener garantías de que el conflicto no abrirá las puertas a la constitución formal de un Estado kurdo en la región autónoma kurda de Irak, Estado que, de hecho, prácticamente ya existe. A medio y largo plazo, las ambiciones turcas se proyectan sobre el Kurdistán iraquí, que cuenta con una importante minoría turcomana y los cercanos campos petrolíferos de Mosul.

Siria quisiera obtener del conflicto el reconocimiento definitivo de su tutela de la política libanesa y conseguir despejar cualquier duda futura sobre su implicación con el terrorismo internacional. De no ser así podría convertirse en uno de los próximos países en ser anotados en la lista del eje del mal. No debe olvidarse que en Damasco gobierna también el Partido Baaz. Siria comparte con Turquía la oposición a que se establezca formalmente un Estado kurdo y, aunque con muchas menos probabilidades de tener éxito, también desearía ver incrementada su participación en la explotación del petróleo de la región. Por último, y a pesar de su hostilidad hacia Arafat, Siria desearía ver resuelto el conflicto palestino en el marco de una propuesta de paz global árabe-israelí que le permitiera recuperar los Altos del Golán.

Jordania es, sin duda, el país más perjudicado por el conflicto, ya que una parte importante de sus ingresos proceden de dar salida —legal o ilegal— al comercio y al crudo iraquí por el puerto de Aqaba. Además, el conflicto ha terminado momentáneamente con las buenas perspectivas turísticas de los últimos años. Sólo algún tipo de compensación territorial o la instauración de la monarquía en Bagdad en la figura de algún pariente de Abdulá II, el actual rey de Jordania, podría resarcir al país de los costes a largo plazo de la guerra y de la carga económica ocasionada por la llegada de refugiados.

En relación a los tres países que se acaban de mencionar, no hay que olvidar tampoco los problemas planteados por el reparto del agua de las cuencas del Tigris y del

Éufrates, por un lado, y del Jordán, por otro. En el primer caso, «a lo largo del río Éufrates, los planes de irrigación nacionales combinados de Turquía, Siria e Irak exigen el desvío de un volumen equivalente al 150 % del caudal actual del río. La magnitud de los embalses proyectados por Turquía no dejará mucha agua a los vecinos situados río abajo» y acrecentará los problemas de desecación y salinización de las cuencas (Renner, 2003). En cuanto a la cuenca del Jordán, basta con señalar que Israel controla hoy más de las dos terceras partes de la aportación anual media de su caudal, y que los palestinos y los países vecinos —Jordania, Siria y Líbano— deben conformarse con la tercera parte restante (Ayeb, 2001).

Kuwait es, sin duda, el país más amenazado por Sadam Husein, y su objetivo en el conflicto sería lograr una seguridad definitiva gracias a su aliado y protector, Estados Unidos. Paralelamente, Kuwait decidiría sobre el viejo litigio en el trazado de su frontera con Irak, que afecta al importante campo petrolífero de Rumaila, situado en tierra de nadie, y a la soberanía de las disputadas islas de Bubian y Warba en el Golfo.

Arabia Saudí obtendría seguridad y, sobre todo, querría ganarse el apoyo estadounidense para llevar a cabo una transición política sin convulsiones. Sin embargo, la posición de Riad es sumamente delicada ya que se encuentra bajo sospecha desde que se descubrió la implicación de algunos miembros cercanos a la clase dirigente saudí en la financiación de los atentados del 11 de septiembre. Además, a la opinión pública estadounidense no le pasó desapercibido que 15 de los 19 piratas aéreos autores de los atentados eran saudíes. Por otra parte, el descontento provocado por la presencia de tropas estadounidenses en el país da alas y argumentos a los grupos confesionales más radicales que han convertido a Osama Bin Laden en punto de referencia. A medio plazo, el desarrollo de la crisis de Irak y la tensión y contestación internas podrían llevar a la implosión de Arabia Saudí, dando lugar a una situación de incertidumbre, inseguridad e inestabilidad.

El país que tiene más a perder con el conflicto es Irán. Los dirigentes de Teherán no pueden dejar de observar, con temor y sorpresa, cómo Estados Unidos ha pasado de no tener presencia en la zona a establecer bases permanentes en casi todos los países vecinos: hay presencia militar estadounidense en Afganistán, Pakistán, Turquía e Irak, mientras Armenia y Azerbaiyán mantienen un conflicto abierto por la región de Nagorno-Karabaj, envenenado por diferencias culturales y religiosas, en el que se podría ver envuelto Teherán (en el noroeste de Irán viven unos veinte millones de azeríes y sólo ocho en Azerbaiyán).

En el noreste, Irán comparte una extensa frontera con Turkmenistán, país que alberga importantes reservas de gas natural y que Teherán querría atraer hacia su órbita de influencia. Sin embargo, el 27 de diciembre de 2002 la compañía estadounidense UNOCAL y los gobiernos de Turkmenistán, Afganistán y Pakistán firmaron en Ashjabad un acuerdo para proceder a la construcción de un gasoducto para transportar el gas turcomano a través de Afganistán y Pakistán. Dicho acuerdo supuso el fin del aislamiento del régimen de Nyazov y su aproximación a Washington. En suma, de la actual situación de conflicto, Irán sólo podría obtener una compensación menor si, como consecuencia del desarrollo de la crisis, se produjera la ruptura de Irak o se llegara a un punto en que su ascendencia sobre la población shií de Irak resultara decisiva para los intereses de Washington y sus aliados. Al mismo tiempo, Irán podría aspirar a ver instaurado en

Bagdad un régimen que reconociera nuevamente el Acuerdo de Argel de 1975 y no volviera a cuestionar las fronteras en la región de Shatt el Arab.

Finalmente, no pueden dejar de considerarse las repercusiones negativas de la crisis de Irak en el conflicto palestino-israelí y en la lucha contra las redes del terrorismo internacional de base confesional. En el primer caso, parece claro que Ariel Sharon está haciendo todo lo posible para que la actual crisis imponga una «*pax* americana» favorable a sus intereses, es decir, y si no hay otro remedio, la creación de un Estado palestino en una Cisjordania muy disminuida y con una población —si es posible también disminuida y, por supuesto, sin el derecho de retorno de los refugiados— totalmente dependiente de Israel. Pero este plan tiene muy pocas posibilidades de ser aceptado por la población palestina de los territorios ocupados y por algunos de los países árabes vecinos, con lo que el Oriente Medio se podría ver envuelto en un conflicto de dimensiones mayores que las imaginadas. En el segundo caso, hay pocas dudas de que la intervención militar en Irak da impulso y argumentos a grupos como Al Qaeda, que legitiman así su discurso sobre la existencia de una cruzada de cristianos y judíos contra el islam ante la opinión pública musulmana, poco informada y muy resentida por el doble rasero usado en las relaciones internacionales.

La crisis de Irak se relaciona también con otras dos cuestiones que van más allá de la situación actual y que tardarán todavía algunas décadas en resolverse. Ambas desempeñan un papel importante en la preparación de un futuro u otro. Me refiero, claro está, al debate sobre el modelo energético y al debate sobre la hegemonía mundial en forma de imperio o de gobierno mundial.

Por lo que se refiere al debate sobre el modelo energético hay que señalar que algunos analistas creen que, desde hace unos años, el crecimiento del consumo de petróleo y el crecimiento de la producción y del descubrimiento de nuevas reservas evolucionan en forma de tijera. Es decir, mientras que el consumo presenta una tendencia creciente, que se acentuará a medida que países como China y la India se desarrollen y aumenten su gasto energético, el incremento de la producción y las reservas de petróleo (y gas natural) presenta una tendencia decreciente. En las próximas tres o cuatro décadas llegará, pues, un momento crítico en que ambas tendencias se cruzarán. Entonces resultará vital controlar las principales reservas de hidrocarburos, mientras se procede, si es posible, al recambio del modelo energético (Rifkin, 2002).* En ese contexto, la remodelación geopolítica del Oriente Medio y de Asia central es básica para conservar la hegemonía global. No en vano, la zona que abarca desde las ex repúblicas soviéticas de Asia central hasta la península de Arabia pasando por el Creciente Fértil e Irán comprende, aproximadamente, más del 70 % de las reservas de petróleo y gas natural.

Ciertamente, existen opciones alternativas como incrementar y optimizar el consumo de carbón, aumentar el

---

* De acuerdo con los comentarios de Mariano Marzo, amigo y catedrático de Estratigrafía de la Universitat de Barcelona, las prospecciones en las regiones occidentales de Irak, en la frontera con Arabia Saudí y Jordania, podrían dar lugar, muy probablemente, al descubrimiento de nuevas reservas de petróleo que, se cree, doblarían el nivel de reservas actuales. Lo mismo podría suceder en otras regiones del mundo, como Asia central, aún poco exploradas o donde las prospecciones no siempre se han hecho con las técnicas más adecuadas. En ese caso, el cruce de las tendencias del consumo y la producción se postergaría unos años o décadas más (Marzo, 2003).

número de centrales nucleares, potenciar el uso de energías renovables —eólica, solar...— o desarrollar un modelo energético basado en la denominada economía del hidrógeno (Rifkin, 2002). En los dos primeros casos, la degradación del medio ambiente y los problemas de seguridad vetan el retorno del carbón y el incremento de las centrales nucleares en los países occidentales.

La economía del hidrógeno implica un cambio radical de modelo económico y, fundamentalmente, reemplazar por motores eléctricos los actuales motores de explosión, base de las redes de transporte terrestre de automoción —automóviles y camiones—, marítimo y aéreo. Hoy por hoy, esta sustitución tiene unos costes prohibitivos y, además, no garantiza la eficacia que tiene el actual modelo económico basado en los combustibles fósiles. Pero, sobre todo, las grandes compañías —excepto algunas firmas automovilísticas que han probado ya motores de hidrógeno— no han demostrado un excesivo interés en desarrollar la tecnología del hidrógeno, lo que le augura escasos avances en el futuro más inmediato. Lo más inteligente, sin duda, sería invertir en la investigación y el desarrollo de esta tecnología, pero no parece que las prioridades de la gran superpotencia vayan por ese camino. No siempre, o casi nunca, las grandes potencias han hecho lo más conveniente, sino que suelen hacer lo que más beneficios y poder les reporta a corto plazo, aunque sea al precio desorbitado de desarrollar unas fuerzas armadas y una industria militar de tales magnitudes que su sólo mantenimiento aboca al conflicto y provoca el inicio de la decadencia y la pérdida de hegemonía (Kennedy, 1989).

Así pues, la previsión sobre la evolución del consumo, la producción y las reservas de combustibles fósiles se encuentra en la base de algunos de los conflictos más importantes de la Era Global. El control de los recursos energéticos se convierte en la base de la hegemonía, y el control del eje euroasiático y del Oriente Medio es imprescindible para ampliarla y mantenerla, como parcialmente vaticinó Brzezinski (1998). «En conclusión, la pugna de intereses por el control de los recursos energéticos (petróleo y gas natural) puede abocar a nuevos conflictos especialmente allí donde los yacimientos y las reservas son más importantes (Próximo Oriente y Asia central). La coincidencia de estos nuevos conflictos con otros ya preexistentes (la crisis saudí, el conflicto palestino-israelí) puede llevar a situaciones incontrolables y, como señala Joseph S. Nye Jr. (2003), ahora que Estados Unidos se ha convertido en el único superpoder mundial podría suceder que se incrementara su vulnerabilidad y se acelerara la erosión de su supremacía» (Segura en *Imperio o gobierno mundial*, 2002).

El conflicto de Irak se inscribe, y afectará, sin duda, a la pugna por el control de los recursos energéticos, aunque, al mismo tiempo, responde también a procesos independientes y autónomos que poco o nada tienen que ver con el hecho de que sea el segundo país del mundo en reservas de petróleo. Lo que está en juego en esta crisis es algo más que el control de los yacimientos de petróleo e, incluso, la remodelación geopolítica del Oriente Medio. El debate de fondo que ha puesto al descubierto la crisis de Irak es el gran debate de la primera mitad del siglo XXI. El debate intelectualmente relevante, cuyo desarrollo dejaremos para una mejor ocasión, es si, tras la caída del muro de Berlín, el colapso del comunismo en la antigua URSS y Europa oriental y el fin del sistema de equilibrio de poderes o de Westfalia —que alcanzó su máxima expresión en el equilibrio del terror (capacidad de disuasión nuclear) del período de la guerra fría—, miramos hacia el pasado y retornamos al imperio bajo el liderazgo de Estados Unidos o si, por el contrario, definimos un proyecto de futuro y apostamos por dar los primeros pasos hacia el embrión de un futuro gobierno mundial basado en el consenso de la comunidad internacional a través de organismos competentes como la ONU (de ahí que fuera tan importante, para unos y otros, actuar bajo un mandato de dicho organismo o estar dispuestos a hacerlo de forma unilateral). Es, en el fondo y con todas sus contradicciones, la misma apuesta que la de la construcción de la Unión Europea, basada en el principio de ceder o compartir soberanía para forjar organismos más poderosos y democráticos que se asienten en la solidaridad y en el respeto de los derechos humanos y de los pueblos.

En conclusión, imperio o gobierno mundial: ésta es la elección. Por lo visto, en la crisis de Irak, la Administración de Bush ya ha hecho su elección y apuesta decididamente por las fórmulas neoimperiales lideradas por Washington. Así, la guerra «se convierte en el medio para obtener los fines deseados y, en este contexto, Irak bien vale su peso en crudo. Sin embargo, la guerra nos aleja, una vez más, del camino de un deseable gobierno mundial en el que la justicia, la solidaridad, el respeto a los derechos humanos y el poder compartido se impongan a la injusticia, la desigualdad, el crimen y el genocidio y el ejercicio totalitario del poder. En este binomio, neoimperalismo o gobierno mundial, nos jugamos el futuro» (Segura en *Imperio o gobierno mundial*, 2002). La partida no ha hecho más que empezar, aunque ya hemos visto cómo se rompía la unidad europea y transatlántica, y las batallas más decisivas están aún por llegar si la Administración de Bush persiste en su deriva unilateralista y neoimperial cuyo último acto fue la retirada de una segunda resolución del Consejo de Seguridad de Naciones Unidas, ante la imposibilidad de obtener los votos necesarios para su aprobación; la fijación de un ultimátum de 48 horas a Sadam Husein (o exilio o guerra), y el ataque iniciado el 20 de marzo de 2003. El futuro empieza hoy, pero ya no es lo que pensábamos que podía ser.

CRONOLOGÍA

1930-1990

1930 30 de junio. Se firma un nuevo tratado anglo-iraquí que reemplaza al de 1922. El Reino Unido y la Iraq Petroleum Company, fundada en 1929, obtienen importantes concesiones en el futuro Irak independiente.

1932 3 de octubre. Independencia formal de Irak, que se adhiere a la Sociedad de Naciones.

1933 8 de septiembre. Muere Faisal. Le sucede su hijo Ghazi.

1934 Fundación del Partido Comunista Iraquí (PCI).

1936 28 de octubre. Golpe de Estado del general Bakr Sidqi. Hikmat Sulaiman forma gobierno.

1937 28 de abril. Fecha oficial del nacimiento de Sadam Husein en la pequeña aldea suní de Al Awja, muy cerca de la histórica localidad de Takrit, cuna de Saladino. Sin embargo, es posible que la verdadera fecha de su nacimiento fuera el 1 de julio de 1939.

Agosto. Bakr Sidqi es asesinado y Hikmat Sulaiman es derrocado por el ejército.

1939 3 de abril. Ghazi muere en un accidente de coche. Le sucede Faisal II, menor de edad. Regencia del príncipe Abdul Ilah.

1941 Abril. Cuatro coroneles del ejército (Kamil Shahib, Mohamed Salam, Fahmi Said y Saluhedine Shahib) protagonizan un golpe de Estado que da paso al Gobierno de Defensa Nacional de Rashid Ali al Keilani, que muestra sus simpatías por Alemania. El regente huye de Irak.

31 de mayo. Las tropas británicas completan la ocupación de Irak,

231

acaban con el gobierno de Rashid Ali, que se refugia en Alemania, ejecutan a los cuatro coroneles y reponen al impopular regente Abdul Ilah.

1945 Se constituye la Liga Árabe, de la que Irak es miembro fundador.

1945-1946 Revuelta en el Kurdistán y fundación de la república kurda de Mehat en Irán. Barzani y su ejército se exilian en la URSS.

1946 Fundación del Partido Democrático del Kurdistán de Irak (PDK) liderado por Barzani.

1948 Mayo. El ejército iraquí participa en la primera guerra árabe-israelí.

1949 Febrero. Las tropas iraquíes regresan de Palestina.

1952 Febrero. Se renueva el acuerdo entre la IPC e Irak: la distribución de los beneficios se fija a partes iguales.
Noviembre-diciembre. Se registran importantes disturbios en Bagdad, conocidos como la Intifada, causados por la renovación del acuerdo con la IPC.

1953 Mayo. El rey Faisal II es entronizado y termina la regencia.

1955 24 de febrero. Irak se adhiere al Pacto de Bagdad (alianza militar entre Irak, Turquía, Reino Unido, Irán y Pakistán auspiciada por Estados Unidos).

1956 Octubre. Crisis de Suez y comienzo de la segunda guerra árabe-israelí. Disturbios de protesta en Bagdad, Mosul y Najaf.

1957 Creación del partido islámico shií Dawa.

1958 Febrero. Jordania e Irak forman la Unión Árabe en respuesta a la creación de la República Árabe Unida entre Egipto y Siria.
14 de julio. Golpe de Estado del general Kassem, que pone fin a la monarquía.
Septiembre. Se aprueba la ley de la Reforma Agraria.

1959 7 de octubre. Sadam Husein participa en el atentado contra el general Kassem de la calle Al Rashid, la principal avenida de Bagdad. Kassem quedó gravemente herido en el brazo y el hombro y Sadam Husein fue levemente herido en una pierna. Su implicación en el atentado le obligó a exiliarse durante unos años en Siria y Egipto.
Diciembre. Irak abandona el Pacto de Bagdad.

1960 15 de septiembre. Se constituye la Organización de Países Exportadores de Petróleo (OPEP), de la que Irak es miembro fundador.

1961 Junio. Independencia de Kuwait. Irak manifiesta sus reivindicaciones sobre el emirato.
Julio. Barzani pide una amplia autonomía para el Kurdistán.
Septiembre. Estalla la guerra en el Kurdistán entre las tropas de Barzani y el ejército iraquí.

1963 Febrero. Un golpe de Estado pone fin al gobierno del general Kassem, que es ejecutado. Fuerte represión anticomunista.

Noviembre. El presidente Abdel Sarem Aref y sus aliados militares expulsan al Baaz del poder.

1964 Octubre. De nuevo la guerra vuelve al Kurdistán.

1965 Abril. Escalada bélica en el Kurdistán.

1966 Abril. Muere en un accidente de helicóptero Abdel Sarem Aref y le sustituye en la presidencia del país su hermano Abd al Rahman Aref.

Julio. Barzani acepta los doce puntos para la autonomía del Kurdistán propuestos por el primer ministro, que es destituido un mes más tarde.

1967 Junio. El ejército iraquí participa en la tercera guerra árabe-israelí.

1968 17 de julio. Golpe de Estado. El Partido Baaz toma el poder y el general Ahmad Hassan al Bakr asume la presidencia de la república secundado por Sadam Husein.

30 de julio. En un golpe de Estado interno, Ahmad Hassan al Bakr y Sadam Husein se deshacen de los aliados no baazistas.

1969 Enero. Sadam Husein asume la subsecretaría general del Consejo de Mando de la Revolución (CMR).

30 de julio. Tras desmantelar el supuesto golpe de Estado interno protagonizado por el primer ministro Abdel Razaq al Nayyef, Sadam asume la vicepresidencia de la república y Ahmad Hassan al Bakr compagina la presidencia con el cargo de primer ministro.

Noviembre. Sadam Husein se hace cargo de la vicepresidencia del CMR.

1970 Marzo. Acuerdo para la creación de una autonomía kurda. Cinco ministros kurdos entran en el gobierno.

Sadam Husein viaja a Moscú.

1972 Abril. Firma de un tratado de cooperación y amistad con la URSS.

Junio. La Iraq Petroleum Company es nacionalizada.

Noviembre-diciembre. Estalla la guerra en el norte del Kurdistán.

1973 Julio. Sadam Husein aborta la confabulación de Nazim Kazzar y el sector civil del Partido Baaz. El 7 de julio, Kazzar y 22 de sus cómplices son ejecutados.

17 de julio. Se constituye el Frente Nacional Progresista, en el que participan el Baaz, el PCI y el PDK.

Octubre. Limitada participación del ejército iraquí en la cuarta guerra árabe-israelí.

1974 11 de marzo. Se promulga la ley de autonomía del Kurdistán. La exclusión del territorio autónomo de los yacimientos de petróleo de Kirkuk, Janaqin y Mosul da origen a una nueva revuelta kurda.

1975 6 de marzo. Irak firma con Irán el Acuerdo de Argel, que delimita la frontera entre los dos países en Shatt el Arab. Irán suspende su apoyo a Barzani y la revuelta kurda finaliza.

Junio. División en el PDK: Yalal Talabani crea la Unión Patriótica del Kurdistán (UPK).

1976 Abril. Tras los últimos combates, Barzani, líder del PDK, se exilia en Irán con 250.000 seguidores.

1977 Febrero. Protestas antigubernamentales de la población shií en el sur del país.

1978 Octubre. Siria e Irak firman la Carta de Acción Nacional Conjunta para coordinar futuras iniciativas antiisraelíes.

8 de octubre. Sadam Husein expulsa al ayatolá Jomeini de Irak, que debe proseguir su exilio en Francia.

Noviembre. Irak participa en el Frente de Rechazo de los Acuerdos de Camp David firmados por Egipto.

1979 Febrero. Triunfa en Irán la revolución de Jomeini. Las organizaciones religiosas shiíes protagonizan nuevos incidentes en Irak.

16 de julio. El presidente Ahmad Hassan al Bakr anuncia su dimisión. Lo sustituye Sadam Husein.

28 de julio. En la denominada *matanza de julio*, Sadam Husein ejecuta a un tercio de los miembros del CMR y a la mitad de la dirección del Partido Baaz pretextando una conspiración siria.

Noviembre. El congreso del PDK elige a Barzani como líder y proclama la continuación de la lucha contra el ejército iraquí.

1980 Ocho organizaciones políticas de la oposición iraquí crean en Damasco el Frente Patriótico Nacional Democrático de Irak en el que participan el PCI, algunos disidentes históricos del Partido Baaz, diferentes partidos socialistas iraquíes y kurdos y la UPK de Yalal Talabani.

El ayatolá Muhammad Baqer al Sadr promulga una *fatwa* que prohíbe a los musulmanes adherirse al Partido Baaz. Sadam Husein castiga con la muerte la afiliación al Partido Dawa, lo que da lugar a centenares de ejecuciones.

8 de abril. El ayatolá Muhammad Baqer al Sadr y su hermana son ejecutados. Cuarenta mil shiíes son expulsados a Irán.

21 de septiembre. Tras denunciar el Acuerdo de Argel de 1975, Irak lanza una amplia ofensiva contra Irán: empieza la guerra Irak-Irán.

6 de octubre. El ejército iraquí toma la ciudad iraní de Khorramshahr.

1981 7 de junio. La aviación israelí destruye el complejo nuclear de Osirak, que se había construido con la colaboración de Francia.

1982 El ejército iraní entra en Irak.

Otoño. Muere inesperadamente el ex presidente Ahmad Hassan al Bakr.

1984 25 de noviembre. Se restablecen las relaciones diplomáticas entre Estados Unidos e Irak.

1985 Se inicia la segunda «guerra de las ciudades» entre Irak e Irán.

1986 Irán conquista la península de Fao.

1987 Mayo. La aviación iraquí ataca la fragata estadounidense *Stark* y causa la muerte de 37 tripulantes. Washington califica el hecho de lamentable error iraquí pero no toma represalias.

20 de julio. El Consejo de Seguridad de la ONU aprueba la resolución 598 (1987), que hace una llamada al alto el fuego, el intercambio de prisioneros y el regreso a las fronteras de 1980. Irak la acepta inmediatamente.

1988 Marzo-septiembre. Derrotas iraquíes en el Kurdistán. Ali Hassan al Majid, llamado *Ali el químico*, comandante supremo del Ejército del Norte, lleva a cabo la operación Al Anfal, que significa la destrucción de 3.839 localidades kurdas (el 80 % del total), decenas de miles de muertos (entre 150.000 y 180.000) y 160.000 exiliados.

16 de marzo. El ejército iraquí bombardea con gas venenoso la ciudad kurda de Halabja y causa 5.000 víctimas.

Primavera. Irak utiliza armas químicas en la reconquista de la península de Fao.

18 de julio. Irán acepta la resolución 598 (1987) del Consejo de Seguridad de la ONU.

20 de agosto. Entra en vigor el alto el fuego. La guerra Irak-Irán ha terminado.

1989 Febrero. Se crea en Bagdad el Consejo de Cooperación Árabe, formado por Irak, Egipto, Jordania y Yemen del Norte.

5 de mayo. Muere en un accidente de helicóptero el ministro de Defensa Adnan Jairallah Tulfah, el general con más popularidad del ejército, primo y cuñado de Sadam y yerno del antiguo presidente de la república Ahmad Hassan al Bakr.

1990 Enero. La oposición shií y los desertores del ejército en la región de las marismas del sur reciben una operación de castigo.

28-30 de mayo. Reunión de la Liga Árabe en Bagdad. Sadam Husein reclama que se reduzca la producción de petróleo y que se condone a Irak la deuda de guerra y amenaza a Kuwait.

25 de julio. Sadam Husein se entrevista con la embajadora April Glaspie, que afirma que Estados Unidos no piensa intervenir en las

disputas entre estados árabes. Sadam interpreta que tiene luz verde de Washington para invadir Kuwait.

1990-2003

1990 2 de agosto. Las tropas de Irak invaden Kuwait. El Consejo de Seguridad de la ONU aprueba la resolución 660 (1990), que insta a Irak a retirar sus tropas del emirato de forma inmediata e incondicional. Estados Unidos, el Reino Unido y Francia congelan todos los fondos iraquíes y kuwaitíes en el extranjero.

3 de agosto. Alemania y Japón también congelan los fondos iraquíes y kuwaitíes en el extranjero.

4 de agosto. Estados Unidos y la URSS condenan la invasión, exigen la retirada iraquí de Kuwait y suspenden los envíos de armas al régimen de Sadam Husein.

6 de agosto. El Consejo de Seguridad de la ONU aprueba la resolución 661 (1990), que decreta el embargo comercial, militar y financiero y la adopción de sanciones contra Irak.

7 de agosto. Parten las primeras tropas de Estados Unidos hacia Arabia Saudí.

8 de agosto. Irak proclama la anexión de Kuwait.

9 de agosto. El Consejo de Seguridad de la ONU aprueba la resolución 662 (1990), que declara ilegal la anexión.

10 de agosto. Se celebra una cumbre de la Liga Árabe, que no puede solucionar la crisis en un contexto árabe.

12 de agosto. Sadam Husein vincula la liberación de Kuwait a la salida de Israel de los territorios ocupados de Gaza y Cisjordania.

15 de agosto. Sadam Husein firma un tratado de paz incondicional con Irán y acepta el Acuerdo de Argel de 1975 sobre las delimitaciones fronterizas en Shatt el Arab.

18 de agosto. Bagdad toma rehenes de las «naciones agresoras» para utilizarlos como escudos humanos en caso de ataque. El Consejo de Seguridad de la ONU aprueba la resolución 664 (1990), que exige la salida inmediata de todos los extranjeros de Kuwait y de Irak.

28 de agosto. Bagdad declara Kuwait provincia de Irak.

8 de noviembre. El presidente Bush ordena el envío de 200.000 soldados más al Golfo.

29 de noviembre. El Consejo de Seguridad de la ONU aprueba la resolución 678 (1990), que establece el 15 de enero de 1991 como fecha máxima para que Irak se retire de Kuwait. De lo contrario, se usarán todos los «medios necesarios» para obligar a Irak a cumplir las resoluciones del Consejo de Seguridad.

1991 9 de enero. James Baker, secretario de Estado estadounidense, y Tarek Aziz, ministro de Asuntos Exteriores iraquí, se reúnen sin éxito en Ginebra.

13 de enero. El Congreso de Estados Unidos autoriza al presidente Bush a entrar en guerra contra Irak.

17 de enero. Da comienzo la operación Tormenta del Desierto.

18 de enero. Irak lanza misiles contra Israel para intentar involucrarlo en el conflicto.

24 de febrero. Tras más de cinco semanas de bombardeos contra objetivos iraquíes en Kuwait e Irak, dan comienzo las operaciones terrestres de la coalición internacional liderada por Estados Unidos.

28 de febrero. Finalizan los combates terrestres.

3 de marzo. Alto el fuego provisional.

Marzo. En los primeros días del mes se inicia la Intifada (sublevación) en el sur de Irak.

3 de abril. El Consejo de Seguridad de la ONU aprueba la resolución 687 (1991), que obliga a Irak a destruir todas las armas de destrucción masiva y los misiles de largo alcance (más de 150 kilómetros), establece la creación de una Comisión Especial de las Naciones Unidas (UNSCOM), que supervisará el cumplimiento de la resolución en cooperación con la Agencia Internacional de la Energía Atómica (AIEA), y confirma las sanciones de la resolución 661 (1990), mientras no se cumpla la nueva resolución.

5 de abril. Sadam Husein reprime duramente las sublevaciones de shiíes y kurdos en el sur y el norte del país, respectivamente. El Consejo de Seguridad de la ONU aprueba la resolución 688 (1991), que condena la represión de la población civil y solicita ayuda humanitaria.

6 de abril. Irak acepta la resolución 687 (1991). Estados Unidos, el Reino Unido y Francia establecen una zona de exclusión aérea al norte del paralelo 36 destinada a proteger a la población kurda. El ejército iraquí se retira del Kurdistán.

18 de abril. Irak presenta la declaración sobre armas químicas y misiles balísticos de largo alcance y dice no disponer de un programa de armas biológicas.

19 de abril. Se crea la UNSCOM.

21 de abril. Las tropas estadounidenses entran en el Kurdistán iraquí.

15-21 de mayo. La AIEA lleva a cabo las primeras inspecciones relacionadas con el programa de armas nucleares de Irak.

9-15 de junio. La UNSCOM realiza las primeras inspecciones relacionadas con el programa de armas químicas de Irak.

23-29 de junio. Tras algunos incidentes con militares iraquíes que intentaban ocultarlo, los inspectores de la UNSCOM destruyen componentes (calutrones) del programa nuclear de Irak.

30 de junio-7 de julio. La UNSCOM lleva a cabo las primeras inspecciones relacionadas con el programa de misiles balísticos de largo alcance de Irak.

2-8 de agosto. La UNSCOM efectúa las primeras inspecciones relacionadas con el programa de armas biológicas de Irak.

11 de agosto. Comienzan los vuelos de reconocimiento de la UNSCOM.

6 de septiembre. Irak bloquea un primer intento de la UNSCOM de usar helicópteros en sus inspecciones. Lo aceptará el 24 de septiembre.

21-30 de septiembre. Irak se opone a que los inspectores de la AIEA abandonen los lugares inspeccionados con documentación relativa a su programa nuclear.

11 de octubre. El Consejo de Seguridad aprueba la resolución 715 (1991), que incluye planes de vigilancia continua para verificar que Irak cumple las resoluciones de la ONU y para detectar nuevos programas de fabricación de armas de destrucción masiva.

11 de diciembre. Irak publica información sobre su programa nuclear.

20 de diciembre. La ONU decide prorrogar el embargo a Irak.

1992 Por iniciativa de Estados Unidos, se funda el Congreso Nacional Iraquí (CNI), que agrupa a toda la oposición al régimen de Sadam Husein.

19 de marzo. Irak declara la existencia de misiles balísticos y armas químicas que dijo haber destruido en el verano de 1991 y se compromete a facilitar a la UNSCOM un informe completo sobre sus armas de destrucción masiva.

Mayo. Irak admite haber tenido un programa de armas biológicas con finalidades defensivas.

19 de mayo. Se celebran elecciones en el Kurdistán iraquí, pero ninguno de los partidos mayoritarios consigue imponerse. Se forma un Gobierno Regional Kurdo que en la práctica supone la creación de dos administraciones paralelas en la región: el PDK de Barzani controla el norte y la UPK de Talabani, el sur.

Julio. La UNSCOM procede a destruir gran cantidad de armas químicas y de unidades de producción iraquíes.

6-29 de julio. Irak impide el acceso de la UNSCOM al Ministerio de Agricultura, donde se guardan archivos referentes a la producción de armas químicas y biológicas. Cuando se permite el acceso, la mayor parte de la documentación ya ha sido destruida.

26 de agosto. El Consejo de Seguridad aprueba la resolución 733 (1992), que decreta la demarcación fronteriza entre Irak y Kuwait. Estados Unidos, el Reino Unido y Francia establecen una zona de exclusión aérea al sur del paralelo 32 destinada a proteger a la población shií.

2 de octubre. El Consejo de Seguridad aprueba la resolución 778 (1992), que autoriza que una parte de los fondos iraquíes congelados sirvan para pagar el coste de las operaciones de la ONU contra Irak.

1993   Enero. Irak protagoniza varios incidentes en la zona desmilitarizada entre su territorio y Kuwait, realiza operaciones militares fuera de las zonas de exclusión aérea e instala misiles antiaéreos Sam a lo largo del paralelo 32, lo que provoca una airada respuesta de Francia, el Reino Unido y Estados Unidos, que bombardean objetivos militares iraquíes.

17 de enero. La marina estadounidense anclada en el Golfo bombardea el complejo industrial de Al Zaafaniya, supuestamente un centro nuclear.

27 de mayo. El Consejo de Seguridad aprueba la resolución 833 (1993), que confirma los límites fronterizos fijados por la resolución 733 (1992) y garantiza la inviolabilidad de la frontera. El nuevo trazado desplaza 600 metros en favor de Kuwait la parte oriental de la frontera, lo cual deja siete pozos de petróleo del campo de Rumaila en territorio kuwaití y reduce la fachada marítima de Irak.

10 de junio. Irak se niega a que la UNSCOM instale cámaras de control remoto en lugares clave de la producción militar.

27 de junio. Estados Unidos dispara misiles de crucero contra la sede de los servicios de inteligencia iraquíes como respuesta a un intento de asesinar al ex presidente Bush en su reciente visita a Kuwait.

18 de julio. Irak accede a que la UNSCOM instale cámaras de control remoto en lugares clave de la producción militar.

Octubre-noviembre. La oposición shií y los desertores del ejército reciben una nueva operación de castigo en la región de las marismas del sur.

26 de noviembre. Irak acepta finalmente la resolución 715 (1991), que permite a la UNSCOM y la AIEA instalar cámaras de control remoto y monitores de verificación.

1994   Mayo-agosto. Estalla la guerra en el Kurdistán entre el PDK y la UPK.

Junio. La UNSCOM completa la destrucción de gran cantidad de agentes químicos.

Septiembre-octubre. Irak amenaza con dejar de cooperar con la UNSCOM y despliega tropas en dirección a Kuwait. Estados Unidos responde desplegando tropas en Kuwait y amenaza con atacar a Irak si no repliega sus tropas.

15 de octubre. El Consejo de Seguridad aprueba la resolución 949 (1994), que exige a Irak que retire las tropas que habían avanzado hacia el sur a sus posiciones anteriores y que coopere totalmente con la UNSCOM.

10 de noviembre. Irak reconoce oficialmente la independencia de Kuwait y las fronteras establecidas por la ONU en la resolución 833 (1993).

1995 Marzo. Irak proporciona el segundo informe detallado, completo y definitivo sobre los programas de armas químicas y biológicas.

14 de abril. En un intento de paliar la situación de miseria de la población iraquí, el Consejo de Seguridad aprueba la resolución 986 (1995), que levanta parcialmente el embargo y permite la exportación de cantidades limitadas de petróleo a cambio de alimentos.

15 de abril. Irak rechaza la resolución 986 (1995) del Consejo de Seguridad de la ONU.

1 de julio. Ante las evidencias presentadas por la UNSCOM, Irak reconoce por primera vez la existencia de un programa ofensivo de armas biológicas, pero niega que se esté rearmando.

Agosto. Irak proporciona el tercer informe detallado, completo y definitivo sobre el programa de armas biológicas.

8 de agosto. Los hermanos Husein Kamel y Sadam Kamel Hassan al Majid, yernos de Sadam Husein, huyen con sus familias a Jordania. Husein Kamel, antiguo ministro de Industrialización Militar y de Defensa y responsable de los programas de armas de destrucción masiva, proporciona información sobre los programas en curso de armas químicas, biológicas y nucleares de Irak y desmonta así las afirmaciones de Bagdad sobre su eliminación y cancelación.

17 de agosto. Irak reconoce que su programa de armas biológicas es más extenso de lo que había admitido.

Noviembre. Irak proporciona el segundo informe detallado, completo y definitivo sobre el programa de misiles balísticos de largo alcance.

10 de noviembre. Jordania, de acuerdo con las disposiciones de la ONU, intercepta un envío ruso de giroscopios de misiles con destino a Irak.

1996 23 de febrero. Tras su regreso a Irak, los hermanos Husein Kamel y Sadam Kamel Hassan al Majid son asesinados.

8-11 de marzo. Irak niega durante unas horas a la UNSCOM el acceso al Ministerio de Irrigación y a la sede de la Guardia Republicana.

27 de marzo. El Consejo de Seguridad aprueba la resolución 1.051 (1996), que establece mecanismos de vigilancia y control de los productos de uso dual destinados a Irak.

20 de mayo. Irak acepta la resolución 986 (1995) del Consejo de Seguridad de la ONU.

Junio. Irak proporciona el tercer informe detallado, completo y definitivo sobre el programa de armas químicas.

11 de junio. Irak niega a la UNSCOM el acceso a la sede de la Guardia Republicana y el uso de un helicóptero para vigilar dicha sede.

12 de junio. El Consejo de Seguridad aprueba la resolución 1.060 (1996), que exige el acceso inmediato de la UNSCOM a todos los sitios que requiera su misión.

13 de junio. Irak prohíbe a la UNSCOM el acceso a otros dos centros.

22 de junio. Irak proporciona el cuarto informe detallado, completo y definitivo sobre el programa de armas biológicas.

24 de junio. Irak y la UNSCOM acuerdan los procedimientos de las inspecciones.

Julio. Irak proporciona el tercer informe detallado, completo y definitivo sobre el programa de misiles balísticos de largo alcance.

16 de julio. Irak prohíbe a la UNSCOM el acceso a otros dos centros.

Agosto. Sigue la guerra civil entre los dos partidos kurdos. El PDK conquista Arbil con el apoyo del ejército iraquí. La infraestructura del CNI en el Kurdistán iraquí es desmantelada y los agentes de la CIA son obligados a huir.

3 de septiembre. Estados Unidos y el Reino Unido amplían la zona de exclusión aérea al sur del paralelo 33 (decisión que no comparte Francia) y atacan objetivos militares iraquíes en respuesta a las incursiones iraquíes del 31 de agosto en territorio kurdo.

16 de noviembre. Irak no permite a la UNSCOM retirar motores de misiles Scud para que sean inspeccionados en el exterior.

12 de diciembre. Comandos del Partido Dawa atentan contra el hijo mayor de Sadam Husein, Uday, cuando se desplazaba en coche por Bagdad. Mueren dos de sus acompañantes y Uday queda paralítico.

1997 23 de febrero. La UNSCOM saca de Irak los motores de misiles Scud.

Mayo. A partir de las investigaciones y las evidencias aportadas por la UNSCOM, Irak admite que una parte del equipamiento del programa de armas químicas se usó para obtener agente VX.

10-12 de junio. Irak niega a la UNSCOM el acceso a varios sitios.

21 de junio. El Consejo de Seguridad aprueba la resolución 1.115 (1997), que condena las reiteradas violaciones de Irak de las resoluciones de la ONU y suspende la revisión de las sanciones.

Septiembre-octubre. Irak niega a la UNSCOM el acceso a un lugar presidencial.

Octubre. La UNSCOM completa la destrucción de armas químicas y de equipamientos relacionados con el programa de este tipo de armas.

29 de octubre. Irak se niega a aceptar que haya inspectores estadounidenses en la UNSCOM y exige el fin de los vuelos de aviones U-2.

13 de noviembre. Irak exige que los inspectores estadounidenses, acusados de espionaje, abandonen el país en 24 horas. En respuesta, la UNSCOM retira casi todo el personal de Irak (excepto un pequeño retén que permanece en Bagdad).

20 de noviembre. Irak reconsidera su prohibición de que inspectores de Estados Unidos formen parte de la UNSCOM. La mediación rusa permite que los inspectores regresen a Irak.

22 de noviembre. La UNSCOM inspecciona «lugares secretos» a pesar de que Irak obstruye y retrasa la entrada de los inspectores.

1998 12 de enero. Irak denuncia un claro desequilibrio en la UNSCOM en beneficio de la presencia de inspectores estadounidenses y británicos y se niega a aceptar inspecciones adicionales del grupo dirigido por Scott Ritter.

16 de enero. El equipo de Scott Ritter abandona Irak.

20 de febrero. El Consejo de Seguridad aprueba la resolución 1.153 (1998), que amplía el programa Petróleo por Alimentos de la resolución 986 (1995) a 5.200 millones de dólares.

20-23 de febrero. Kofi Annan visita Bagdad y llega a un acuerdo para que la UNSCOM pueda efectuar visitas limitadas a los palacios presidenciales.

2 de marzo. El Consejo de Seguridad aprueba la resolución 1.154 (1998), que exige de Irak el acceso a todos los lugares que decidan los inspectores de la UNSCOM y advierte que todo incumplimiento de las resoluciones de la ONU tendrá graves consecuencias para el país.

26 de marzo-4 de abril. Irak permite el acceso a los palacios presidenciales y dan comienzo las visitas de los inspectores acompañados por diplomáticos.

5 de agosto. Irak suspende sin previo aviso la cooperación con la UNSCOM y la AIEA, aunque no impide que continúen las actividades de vigilancia.

Septiembre. Washington fuerza un acuerdo para poner fin a la guerra civil entre el PDK y la UPK. El acuerdo prevé la formación de un gobierno y de un parlamento.

9 de septiembre. La UNSCOM suspende todas sus actividades en Irak hasta que no se le permita llevarlas a cabo en su totalidad.

Octubre. El Congreso estadounidense aprueba la Iraq Liberation Act, que prevé un fondo de ayuda de 97 millones de dólares para la oposición iraquí.

31 de octubre. Sadam Husein suspende toda colaboración con la UNSCOM.

5 de noviembre. El Consejo de Seguridad aprueba la resolución 1.205 (1998), que ordena a Irak reemprender la colaboración con la UNSCOM.

14 de noviembre. Sadam Husein permite el regreso de la UNSCOM. Estados Unidos y el Reino Unido amenazan con atacar sin previo aviso si no se permiten o se interfieren las inspecciones.

9-14 de diciembre. La UNSCOM denuncia nuevas obstrucciones.

15-16 de diciembre. La UNSCOM retira los inspectores de Irak.

17-20 de diciembre. Las aviaciones de Estados Unidos y el Reino Unido llevan a cabo la operación Zorro del Desierto y castigan duramente instalaciones militares y civiles iraquíes. El día 18 mueren varios civiles en el bombardeo de una refinería de petróleo en Basora.

19 de diciembre. Sadam Husein declara que la UNSCOM nunca regresará a Irak.

1999 Enero. Washington ofrece ayuda financiera a siete formaciones (PDK, UPK, SCIRI, MIK, ANI, CNI y MMC) de la oposición iraquí.

4 de enero. Irak no renueva los visados ni garantiza la seguridad de los observadores estadounidenses y británicos del programa Petróleo por Alimentos.

3 de febrero. Kofi Annan ordena que salgan de Irak todos los observadores estadounidenses y británicos del programa Petróleo por Alimentos.

19 de febrero. Muere el ayatolá Muhammad Sadek al Sadr, sobrino del fundador del Partido Dawa, y estallan violentos disturbios en las provincias shiíes del sur y en Bagdad.

Abril. Se reúnen en Londres once partidos de la oposición iraquí que deciden reformar el CNI y desarrollar un plan de resistencia al régimen de Sadam Husein.

4 de octubre. El Consejo de Seguridad de la ONU aprueba la resolución 1.266 (1999), que permite a Irak exportar una cantidad suplementaria de 3.000 millones de dólares, es decir, hasta un total de más de 8.000 millones de dólares para el período junio-noviembre de 1999.

10 de diciembre. El Consejo de Seguridad de la ONU aprueba la resolución 1.281 (1999), que permite a Irak exportar petróleo por un valor de 5.260 millones de dólares semestrales dentro del marco del programa Petróleo por Alimentos.

17 de diciembre. El Consejo de Seguridad aprueba la resolución 1.284 (1999), que fija las condiciones para suspender las sanciones, crea la Comisión de Observación, Verificación e Inspección de las Naciones Unidas (UNMOVIC) en sustitución de la UNSCOM y elimina el límite de las exportaciones de petróleo iraquíes.

2000   27 de enero. Hans Blix es nombrado presidente de la UNMOVIC.

31 de marzo. El Consejo de Seguridad de la ONU aprueba la resolución 1.293 (2000), que autoriza a Irak a invertir 600 millones de dólares semestrales en la compra de material para reconstruir sus instalaciones petroleras.

13 de abril. El Consejo de Seguridad de la ONU aprueba el plan organizativo de la UNMOVIC.

Mayo. El segundo hijo de Sadam Husein, Qusay, es elegido miembro de la Asamblea Nacional.

9 de noviembre. Irak intenta obtener el control directo de una parte de las exportaciones de petróleo.

20 de noviembre. La ONU rechaza la petición iraquí.

30 de noviembre. Irak rechaza un plan de la ONU para reemprender las inspecciones de armas de destrucción masiva y de misiles balísticos de largo alcance.

1 de diciembre. Irak suspende las exportaciones de petróleo.

2001   16 de febrero. Cazas estadounidenses y británicos atacan bases de misiles Sam situadas fuera de las zonas de exclusión aérea impuestas al régimen de Sadam Husein en 1991, 1992 y 1996.

2 de marzo. Kofi Annan denuncia que la disminución de las exportaciones de petróleo afecta a los programas humanitarios.

7 de marzo, 18 de abril, 1 de mayo. La ONU e Irak mantienen conversaciones para intentar llegar a un acuerdo sobre la reanudación de las inspecciones de armas de destrucción masiva y misiles balísticos de largo alcance.

Abril. El segundo hijo de Sadam Husein, Qusay, es elegido miembro de la dirección regional del Partido Baaz, donde es presentado como el sucesor de su padre. El hermano mayor, Uday, quedó descartado después del atentado que lo dejó incapacitado en diciembre de 1996.

8 de abril. Irak suspende la producción de petróleo.

Mayo-junio. Estados Unidos y el Reino Unido intentan convencer al Consejo de Seguridad de la ONU de que hay que adoptar nuevas sanciones contra Irak.

21 de junio. La ONU establece en más de 45.400 millones de dólares el monto de las indemnizaciones que debe pagar Irak por la invasión de Kuwait.

Agosto. Las aviaciones de Estados Unidos y el Reino Unido atacan los sistemas de defensa del sur de Irak.

3 de septiembre. Irak expulsa sin previo aviso a cinco trabajadores del programa Petróleo por Alimentos de la ONU.

Octubre-diciembre. El PDK y la UPK se reconcilian y cooperan.

2002 29 de enero. En el discurso sobre el estado de la Unión, el presidente George Bush incluye a Irak, junto con Irán y Corea del Norte, en el eje del mal.

Marzo. Irak y Arabia Saudí se reconcilian públicamente en la cumbre de la Liga Árabe celebrada en Beirut.

12 de septiembre. George Bush pronuncia un discurso ante la Asamblea General de la ONU en el que insta a Sadam Husein a destruir totalmente y sin condiciones todas las armas de destrucción masiva. Solicita además una nueva resolución que exija el desarme total de Irak.

17 de septiembre. Irak anuncia que permitirá reanudar las inspecciones de armas de destrucción masiva y misiles balísticos de largo alcance.

24 de septiembre. El primer ministro Tony Blair presenta al Parlamento británico el informe *Iraq's Weapons of Mass Destruction*.

11 de octubre. El Congreso de Estados Unidos autoriza el uso de la fuerza contra Irak.

16 de octubre. Se celebra un referéndum presidencial en Irak con una participación oficial del 100 % de los votantes y unos resultados del 100% de votos favorables a Sadam Husein.

8 de noviembre. El Consejo de Seguridad aprueba la resolución 1.441 (2002), que exige a Irak que antes del 7 de diciembre de 2002 presente un informe completo de todas las armas de destrucción masiva y misiles de largo alcance que posee y permita las inspeccio-

nes de la ONU en todo el territorio, incluidos los palacios presidenciales.

13 de noviembre. Irak acepta la resolución 1.441 (2002).

18-19 de noviembre. Hans Blix y Mohamed el Baradei, presidentes de la UNMOVIC y la AIEA, respectivamente, visitan Bagdad para ultimar con las autoridades iraquíes los aspectos técnicos de la reanudación de las inspecciones.

25 de noviembre. Llegan a Irak los primeros inspectores de la UNMOVIC y la AIEA.

7 de diciembre. De acuerdo con lo que dispone la resolución 1.441 (2002), Irak presenta a la UNMOVIC y la AIEA el informe sobre armas de destrucción masiva y misiles balísticos de largo alcance.

14-17 de diciembre. Se reúne en Londres la oposición iraquí, que acuerda impulsar un estado democrático y federal tras la desaparición del régimen de Sadam Husein.

30 de diciembre. El Consejo de Seguridad aprueba la resolución 1.454 (2002), que refuerza las sanciones al ampliar la lista de productos que Irak tiene prohibido importar.

2003 23 de enero. Se reúnen en Estambul los ministros de Asuntos Exteriores de los países vecinos de Irak (Turquía, Irán, Arabia Saudí, Jordania, Siria) y Egipto para intentar encontrar una salida a la crisis.

27 de enero. Hans Blix y Mohamed el Baradei, presidentes de la UNMOVIC y de la AIEA, presentan sus informes ante el Consejo de Seguridad de la ONU: afirman no haber encontrado indicios de la existencia de armas de destrucción masiva, a pesar de que el informe de Bagdad del 7 de diciembre de 2002 deja muchos interrogantes abiertos. Solicitan más tiempo y mayor colaboración del régimen de Sadam Husein para completar la misión.

28 de enero. En el discurso sobre el estado de la Unión, el presidente George Bush acusa a Sadam Husein de no cumplir las resoluciones de la ONU, de amenazar la paz mundial con armas de destrucción masiva, de mantener contactos con Al Qaeda y de ser un dictador.

Febrero. La CIA, el FBI y los servicios secretos británicos ponen en duda la conexión del régimen de Sadam Husein con Al Qaeda. Creen que será muy difícil encontrar pruebas de dicha relación.

5 de febrero. El secretario de Estado de Estados Unidos presenta en el Consejo de Seguridad un informe que pretende probar, con el soporte de grabaciones y material fotográfico obtenido por satélite, el incumplimiento de las resoluciones de la ONU por parte de Irak. Según Colin Powell, el régimen de Sadam Husein oculta armas de

destrucción masiva y mantiene relaciones con grupos terroristas. El discurso es poco convincente y no logra hacer variar de opinión a los países del Consejo de Seguridad partidarios de dar más tiempo a las inspecciones.

La prensa de Estados Unidos considera convincente el discurso de Colin Powell, mientras que la prensa europea se muestra más escéptica porque no se han aportado pruebas concluyentes que justifiquen la guerra.

11 de febrero. La emisora de Qatar Al Yazira emite un vídeo con la voz de Osama Bin Laden, que califica al régimen de Sadam Husein de apóstata, pero pide a los musulmanes que resistan la invasión de Irak y que, si es preciso, se conviertan en mártires suicidas para combatir las tropas de Estados Unidos y de sus aliados.

14 de febrero. Los presidentes de la UNMOVIC y de la AIEA, Hans Blix, y Mohamed el Baradei, presentan sus informes ante el Consejo de Seguridad de la ONU: afirman no haber encontrado casi indicios de la existencia de armas de destrucción masiva (sólo restos de munición química vacíos que deberían haberse destruido), pero se desconoce el paradero de algunas de estas armas, que fueron inventariadas pero no se sabe si fueron destruidas. Los análisis y las entrevistas con expertos iraquíes parecen confirmar que dos variantes de los misiles Al Samud 2 superan los 150 de kilómetros de alcance autorizados por la ONU. Se necesita mayor colaboración de Irak y seguir con las inspecciones (no se fija cuánto tiempo) para llegar a conclusiones definitivas. La mayoría del Consejo de Seguridad se muestra partidaria de proseguir las inspecciones; salvo Estados Unidos, el Reino Unido, España y Bulgaria.

15 de febrero. Millones personas se manifiestan en todo el mundo, incluidas las principales ciudades de Estados Unidos, en contra de la guerra. La mayor afluencia (entre uno y tres millones de personas) se registra en aquellas capitales europeas (Roma, Madrid, Barcelona, Londres) cuyos gobiernos apoyan la política del presidente Bush de intervención militar en Irak.

7 de marzo. Los presidentes de la UNMOVIC y de la AIEA, Hans Blix, y Mohamed el Baradei, presentan sus informes ante el Consejo de Seguridad de la ONU: continúan sin haber encontrado casi indicios de la existencia de armas de destrucción masiva, pero se sigue desconociendo el paradero de algunas de estas armas, que fueron inventariadas pero no se sabe si fueron destruidas. Se acoge satisfactoriamente la decisión de Irak de permitir la destrucción de los misiles Al Samud 2 y se reconoce que la colaboración de Bagdad ha

mejorado en las últimas semanas aunque todavía resulta insuficiente. Presentan un largo memorándum de preguntas que Bagdad debería responder de manera clara en los próximos días. No hay restos de ningún programa nuclear y las acusaciones respeto a la compra de uranio y de tubos metálicos de utilización dual (nuclear) son desmentidas. Blix y El Baradei dicen que la finalización de las inspecciones es cuestión de meses, no de días o semanas. Sin embargo, el Reino Unido anuncia la próxima presentación de una resolución, auspiciada conjuntamente con Estados Unidos y España, que fija el 17 de marzo como fecha límite y da un ultimátum a Irak para que elimine todas las armas de destrucción masiva y los misiles de largo alcance.

17 de marzo. Ante la imposibilidad de obtener los votos necesarios en el Consejo de Seguridad de la ONU, el Reino Unido, España y Estados Unidos renuncian a presentar una segunda resolución y George W. Bush da un ultimátum a Sadam Husein de 48 horas para que emprenda el camino del exilio o afronte las consecuencias de un ataque militar.

19 de marzo. Nueva reunión del Consejo de Seguridad de la ONU, paralizado por la inminencia de la guerra y la impotencia para frenarla.

20 de marzo. Estados Unidos y el Reino Unido inician el ataque militar contra Irak.

BIBLIOGRAFÍA

En esta bibliografía sólo se recogen aquellos títulos que han sido consultados y utilizados, directa o indirectamente, en la confección del texto.

Libros

ABURISH, Saïd K.: *Saddam Hussein. La política de la venganza*, Santiago de Chile, Editorial Andrés Bello, 2001.

ALÍ, Tariq: *El choque de los fundamentalismos. Cruzadas, yihads y modernidad*, Madrid, Alianza, 2002.

ANNUNZIATA, Lucia: *No. La seconda guerra irachena e i dubbi dell'Occidente*, Roma, Donzelli Editore, 2002.

ARNOVE, Anthony (ed.): *Iraq under siege. The deadly impact of sanctions and war*, 2.ª impresión, Londres, Pluto Press, 2001.

Atlaseco. Atlas économique et mondial. 2003, París, Le Nouvel Observateur, 2002.

AYEB, Habib: *Agua y poder. Geopolítica de los recursos hidráulicos en el Próximo Oriente*, Barcelona, Bellaterra, 2001.

BADELL, Pepa, y otros: *Las tramas secretas de la Guerra del Golfo*. 2.ª ed., Barcelona, Ediciones B, 1991.

BATALLA, Xavier: *¿Por qué Irak?*, Barcelona, Ediciones DeBolsillo, 2003.

BRZEZINSKI, Zbigniew: *El gran tablero mundial. La supremacía estadounidense y sus imperativos geoestratégicos*, Barcelona, Paidós, 1998.

CAMPAÑA POR EL LEVANTAMIENTO DE LAS SANCIONES A IRAK, *La historia de Ibrahim Raad Nuri. En memoria de las víctimas del embargo a Irak*, Madrid, Campaña por el Levantamiento de las Sanciones a Irak-Comité de Solidaridad con la Causa Árabe, 1997.

CAVE, Anthony: *Dios, oro y petróleo. La historia de Aramco y los reyes saudíes*, Barcelona, Editorial Andrés Bello, 2001.

CHUBIN, Shahram, Charles TRIPP y otros: *Iran and Iraq at War*, Londres, Taurus and Co., 1988.

COOPER, Robert: *The Postmodern State and the World Order*, 2.ª ed., Londres, Demos and The Foreign Policy Centre, 2000.

DENAUD, Patrick: *Irak, la guerre permanente. Entretiens avec Tarek Aziz. La position du régime irakien*, París, Éditions du Félin, 2002.

DEPLETED URANIUM EDUCATION PROJECT (ed.), *Depleted Uranium How the Pentagon Radiates Soldiers & Civilians with DU Weapons*, 2.ª ed., Nueva York, International Action Center, 1997. Se puede consultar parcialmente en: www.iacenter.org/depleted/mettoc.htm.

L'Empire contre l'Irak, Manière de Voir (Le Monde Diplomatique), núm. 67 (enero-febrero 2003).

L'État du monde. 2003, París, La Découverte, 2002.

FAROUK-SLUGLETT, Marion, y Peter SLUGLETT: *Iraq since 1958. From revolution to dictatorship*, Londres/Nueva York, I.B. Tauris and Co., 2001 (1987).

GIORDANO, Eduardo: *Las guerras del petróleo*, Barcelona, Icaria/Antrazyt, 2002.

HIRO, Dilip: *Iraq. In the Eye of the Storm*, Nueva York, Thunder's Mouth Press/Nation Books, 2002.

Imperio o gobierno mundial, Vanguardia Dossier, núm. 3 (octubre/diciembre de 2002).

Iraq. Objetivo Saddam, Vanguardia Dossier, núm. 5 (2003).

KAYSEN, Carl, Steven E. MILLER, Martin B. MALIN, William D. NORDHAUS y John D. STEINBRUNER: *War with Iraq. Costs, Consequences, and Alternatives*, Cambridge, American Academy of Arts and Sciences, 2002.

KENNEDY, Paul: *Auge y caída de las grandes potencias*, Barcelona, Plaza & Janes/Cambio16, 1989.

KING, Ralph, y Efraim KARSH: *La guerra Irán-Irak*, Madrid, Ministerio de Defensa, 1988.

KUNTZ, Florence: *Faut-il détruire Bagdad? Journal d'une guerre annoncée*, Mónaco, Éditions du Rocher, 2003.

LUIZARD, Pierre-Jean: *La questions irakienne*, París, Fayard, 2002.

MAKIYA, Kanan: *Republic of fear: the Politics of Modern Iraq*, nueva edición actualizada, Berkeley, University of California Press, 1998.

MALBRUNOT, Georges, y Christian CHESNOT: *Saddam Hussein. Portrait Total*, S.L., París, Éditions 1, 2003.

MARTÍN MUÑOZ, Gema: *Iraq. Un fracaso de Occidente*, Barcelona, Tusquets, 2003.

NIBLOCK, Tim: *"Pariah States" and Sanctions in the Middle East. Iraq, Libya, Sudan.* Boulder (Colorado)/Londres, Lynne Rienner Publishers, 2002.

NYE Jr., Joseph S.: *La paradoja del poder norteamericano*, Madrid, Taurus, 2003.

RIFKIN, Jeremy: *La economía del hidrógeno*, Barcelona, Paidós, 2002.

RIVERS PITT, William, con Scott RITTER: *Guerra contra Irak*, Barcelona, Ediciones B, 2002.

RONDOT, Philippe: *L'Irak*, 2.ª ed. puesta al día, París, Presses Universitaires de France, 1995.

SALINGER, Pierre, y Eric LAURENT: *Guerra del Golfo. El dossier secreto*, Barcelona, Ediciones de la Tempestad, 1991.

SARAMAGO, José, Noam CHOMSKY, James PETRAS, Edward W. SIAD, Alberto PIRIS y Antoni SEGURA I MAS en Javier ORTIZ (ed.): *¡Palestina existe!*, Madrid, Foca, 2002.

SEGURA I MAS, Antoni: *Más allá del islam. Política y conflictos actuales en el mundo musulmán*, 2.ª ed., Madrid, Alianza, 2001.

STERN, Brigitte (ed.): *Guerre du Golfe. Le dossier d'une crise internationale 1990-1992.* París, La Documentation Française, 1993.

STERN, Jessica: *El terrorismo definitivo. Cuando lo impensable sucede*, Barcelona, Granica, 2001.

TRAB ZEMZEMI, Abdel-Majid: *La guerre Irak-Iran. Islam et nationalismes*, París, Albatros, 1985.

TRIPP, Charles: *A history of Iraq*, 2.ª ed., Cambridge, Cambridge University Press, 2002.

VAREA, Carlos: *Iraq, asedio y asalto final*, Hondarribia-Estella, Editorial Hiru, 2002.

VAREA, Carlos, y Ángeles MAESTRO (eds.): *Guerra y sanciones a Irak. Naciones Unidas y el «nuevo orden mundial»*, Madrid, Los libros de la Catarata, 1997.

WALZER, Michael: *Guerras justas e injustas. Un razonamiento moral con ejemplos históricos*, Barcelona, Paidós, 2001 (1977 y 1997).

WOODWARD, Bob: *Bush en guerra*, Barcelona, Península, 2003.

ZOLO, Danilo: *Cosmópolis. Perspectivas y riesgos de un gobierno mundial*, Barcelona, Paidós, 2000.

Artículos de revistas especializadas

Energy Information Administration/International Energy Annual 2000: «Oficial Energy Statistics from the U.S. Governement», www.eia.doe.gov; *Oil and Gas Journal*, vol. 98, núm. 51 (diciembre de 2000); *World Oil*, vol. 222, núm. 8 (agosto de 2001).

JABAR, Faleh A.: «Parti, clans et tribus, le fragile équilibre du régime irakien», *Le Monde Diplomatique* (octubre de 2002), 4-5.

JABAR, Faleh A.: «Lignes de fracture dans l'armée. Se battre, se rebeller ou se désintégrer», *Le Monde Diplomatique* (enero de 2003), 12-13.

JABAR, Faleh A.: «El conflicto con Estados Unidos: un macabro entramado de incertidumbres», *Iraq. Objetivo Saddam*, Vanguardia Dossier núm. 5 (2003), 47-52.

MARTÍN MUÑOZ, Gema: «Irak: una guerra buscada», *Claves de razón práctica*, núm. 129 (enero/febrero de 2003), 36-47.

NEZAN, Kendal: «Quand "notre" ami Saddam gazait ses kurdes», *Le Monde Diplomatique* (marzo de 1998), 18-19.

SEGURA I MAS, Antoni: «Geoestrategia, petróleo y gas natural», *Imperio o gobierno mundial*, Vanguardia Dossier, núm. 3 (octubre/diciembre de 2002), 84-88.

SEGURA I MAS, Antoni: «Iraq, historia y petróleo», *Iraq. Objetivo Saddam*, Vanguardia Dossier núm. 5 (2003), 53-62.

SHIRKHANI, Nassir: «Vultures circle for Iraq», *Upstream* (10 de enero de 2003), 17.

Documentos, informes, trabajos, dossiers y biografías en Internet

AL-MARASHI, Ibrahim, «Iraq's Security and Intelligence Network: a Guide and Analysis», *MERIA, Middle East Review of International Affairs*, vol. 6, núm. 3 (septiembre de 2002). meria.idc.ac.il/journal/2002/issue3/jvol6no3in.html.

BAKER, Dean, y Mark WEISBROT: *The Economic Costs of a War in Iraq: The Negative Scenario*, Center for Economic and Policy Research (diciembre de 2002). www.cepr.net /Costs of war.htm

CRIPPEN, Dan L (dir.): *Estimated Costs of a Potential Conflict with Iraq*, Congressional Budget Office (septiembre de 2002). www.cbo.gov

DJEREJIAN, Edward P., Frank G. WISNER, Rachel BRONSON y Andrew S. WEISS: *Guiding Principles for U.S. Post-Conflict Policy in Iraq*, James A. Baker III Institute for Public Policy of Rice University and the Council on Foreign Relations, enero de 2003. www.rice.edu/projects/bak.

FAWCETT, John, y Victor TANNER: *The Internally Displaced People of Iraq. An Occasional Paper*, The Brookings Institution-Sais Project on Internal Desplacement (octubre de 2002). www.reliefweb.int/library/documents/2002/brook-irq-31oct.pdf.

GRAHAM-BROWN, Sarah, y Chris TOENSING: *Why another war? A Backgrounder on the Iraq Crisis*, 2.ª ed., Middle East Research & Information Project, MERIP (diciembre de 2002). www.merip.org

INSTITUTE FOR AMERICAN VALUES: *What We're Fighting For* (febrero de 2002). www.americanvalues.org

INTERNATIONAL CRISIS GROUP (ICG): *Iraq Backgrounder: What Lies Beneath*, Middle East Report, núm. 6, Ammán/Bruselas (1 de octubre de 2002). www.crisisweb.org/projects/showreport.cfm?reportid=786

Iraq. Del miedo a la libertad. Departamento de Estado de Estados Unidos. Programas de Información Internacional (diciembre de 2002). usinfo.state.gov/espanol/irak/fftfsp/homepage.htm

Iraq-Its Infrastructure of Concealment, Deception and Intimidation (enero de 2003). www.number-10.gov.uk/files/word/Iraq.doc; image.guardian.co.uk/sys-files/Guardian/documents/2003/02/07/uk0103.pdf.

Iraq's Weapons of Mass Destruction. The Assessment of the British Government (septiembre de 2002). www.pm.gov.uk.

JOHNS HOPKINS UNIVERSITY: *Paul Wolfowitz*, webapps. jhu.edu/jhuniverse/information_about_hopkins/about_jhu/principal_administrative_officers_and_deans/paul_wolfowitz/index.cfm

LE MONDE DIPLOMATIQUE: *L'Empire contre l'Irak* (actualizado en febrero de 2003). www.monde-diplomatique.fr/cahier/irak/

MARCEL, Valerie: «The Future of Oil in Iraq: Scenarios and implications», *Briefing Paper*, núm. 5, The Royal Institute of International Affairs (diciembre de 2002). www.riia.org/pdf/research/sdp/The%20Future%20of%20Oil%20In%20Iraq%20Marcel%20Dec%202002.pdf

MORSE, Edward L., y Amy Myers JAFFE: *Strategic Energy Policy Challenges for the 21st Century*, James A. Baker III Institute for Public Policy of Rice University and the Council on Foreign Relations, S.F. (primer semestre de 2001). www.rice.edu/projects/baker/

NACIONES UNIDAS: *Carta de las Naciones Unidas*, San Francisco, 1945. www.un.org/spanish/aboutun/charter.htm

NACIONES UNIDAS (Consejo de Seguridad): *Informe del Secretario General S/2002/1239* (12 de noviembre de 2002). www.un.org

NACIONES UNIDAS (Office of the Iraq Programme): *The Humanitarian Programme in Iraq Pursuant to Security Council Resolution 986 (1995)* (octubre de 2002). www.un.org/depts/oip

NACIONES UNIDAS (Oficina del Programa Iraq Petróleo por Alimentos): *Apunte semanal (11-17 de enero de 2003)*. www.un.org/depts/oip

NACIONES UNIDAS: *Likely Humanitarian Scenarios* (10 de diciembre de 2002). www.casi.org.uk/info/undocs/war021210.pdf.

NORDHAUS, William D.: *The Economic Consequences of a War with Iraq*, Yale University (noviembre de 2002). www.econ.yale.edu/~nordhaus/iraq.html. Este trabajo se encuentra también en KAYSEN, Carl, y otros (2002) y disponemos de dos versiones resumidas, una en inglés, NORDHAUS, William D: «Iraq: The Economic Consequences of War», *The New York Review of Books* (diciembre de 2002), www.nybooks.com/articles/15850, y otra en castellano, NORDHAUS, William D: «Costes de la guerra en Irak», *Política Exterior*, XVII, núm. 91 (enero/febrero de 2003).

Operation Desert Storm, Federation of American Scientists Military Analisis Network. www.fas.org/man/dod-101/ops/desert_storm.htm

RICHELSON, Jeffrey (ed.): *Iraq and Weapons of Mass Destruction*, National Security Archive Electronic Briefing Book No. 80, The National Security Archive (20 de diciembre de 2002). www.gwu.edu/~nsarchiv/NSAEBB/NSAEBB80/

RIVERS PITT, William: *Just the Facts*, Truthout/Perspective (6 de enero de 2003). www.truthout.org/docs_02/010803A.wrp.facts.htm

ROGERS, Paul: *Iraq: Consequences of a War*, Oxford Research Group (octubre de 2002). www.oxfordresearchgroup.org.uk.

The Gulf War. An in-depth examination of the 1990-1991 Persian Gulf crisis, Frontline. www.pbs.org/wgbh/pages/frontline/gulf

The Unfinished War: A Decade Since Desert Storm. www.cnn.com/SPECIALS/2001/gulf.war/index.html

UNICEF-MINISTERIO DE SANIDAD DE IRAK: *Child and Maternal Mortality Survey 1999*. Preliminary report (julio de 1999). www.unicef.org/reseval/pdfs/irqscvak.pdf, www.unicef.org/reseval/pdfs/irqscont.pdf; www.unicef.org/reseval/pdfs/irqncvak.pdf; www.unicef.org/reseval/pdfs/irqncont.pdf.

UNICEF: *Iraq-Under-five mortality* (julio de 1999). www.unicef.org/reseval/pdfs/irqu5est.pdf

UNICEF: *Iraq Surveys Show 'Humanitarian Emergency'* (agosto de 1999). www.unicef.org/newsline/99pr29.htm

UNICEF: *Iraq Child and Maternal Surveys* (agosto de 2002). www.unicef.org/reseval/iraqr.html

UNICEF: *Overview of Nutritional Status of Under-fives in South/Centre Iraq* (noviembre de 2002). www.unicef.org/media/publications/malnutrition-nov2002.doc

U.S. DEPARTMENT OF STATE: *Biography Colin L. Powell. Secretary of State*. www.state.gov/r/pa/ei/biog/1349.htm

U.S. DEPARTMENT OF DEFENSE: *Paul Wolfowitz. Deputy Secretary of Defense*. www.defenselink.mil/bios/depsecdef_bio.html

U.S. DEPARTMENT OF DEFENSE: *The Honorable Donald Rumsfeld. Secretary of Defense*. www.defenselink.mil/bios/rumsfeld.html

U.S. DEPARTAMENTO DE ASUNTOS DE VETERANOS. INVESTIGACIÓN DE LA

GUERRA DEL GOLFO: *Un informe para los veteranos* (marzo de 2000). www.va.gov/gulfwar/docs/DVAGWRschSp.PDF

WHITE HOUSE: *Biography of Dr. Condoleezza Rice. National Security Advisor*: www.whitehouse.gov/nsc/ricebio.html.

WHITE HOUSE: *Vice President Richard B. Cheney*. www.whitehouse.gov/vicepresident/vpbio.html

Discursos

BUSH, George W.: *President Delivers "State of the Union"*, The U.S. Capitol (28 de enero de 2003). www.whitehouse.gov/news/releases/2003/01/20030128-19.html. (*Discurso del Estado de la Unión*, reproducido parcialmente en *La Vanguardia*, 30 de enero de 2003; traducción de José María Puig de la Bellacasa.)

POWELL, Colin: «Full text of Colin Powell's speech», *The Guardian* (edición electrónica) (5 de febrero de 2003). www.guardian.co.uk/

Artículos de periódico

ALONSO ZALDÍVAR, Carlos: «Vieja sí, pero tonta no», *El País* (3 de febrero de 2003).

BASTENIER, Miguel Ángel: «Guerra por el mapa», *El País* (25 de diciembre de 2002).

BATALLA, Xavier: «¿Por qué toca Iraq?», *La Vanguardia* (6 de octubre de 2002).

BIRNBAUM, Norman: «Carta abierta a los primeros ministros desde EE UU», *El País* (9 de febrero de 2003).

BRZEZINSKI, Zbigniew: «Irak y el liderazgo mundial de EE UU» *El País* (20 de febrero de 2003).

CARTER, Jimmy: «Una alternativa a la guerra», *La Vanguardia* (12 de febrero de 2003).

CORTRIGHT, David: «Cómo desarmar a Iraq sin guerra», *La Vanguardia. Revista Domingo* (13 de octubre de 2002).

CORTRIGHT, David: «El desarme de Iraq progresa», *La Vanguardia* (5 de febrero de 2003).

DE SEBASTIÁN, Luis: «El dilema de los católicos de Estados Unidos», *El Periódico* (21 de febrero de 2003).

FALK, Richard, y David KRIEGER: «Irak y Corea del Norte: enfrentarse a la proliferación de armas nucleares», *El País* (1 de febrero de 2003).

FISK, Robert: «The truth about depleted uranium», *The Independent* (8 de enero de 2001). www.robert-fisk.com/articles121.htm

FISK, Robert: «The dishonesty of this so-called dossier», *The Independent* (25 de septiembre de 2002). www.robert-fisk.com/articles121.htm

FISK, Robert: «Nos hemos cansado de que nos mientan», *La Vanguardia* (15 de febrero de 2003).

GERGES, Fawaz A.: «Planes para después de una guerra», *La Vanguardia* (8 de febrero de 2003).

GONZÁLEZ, Felipe: «No a la guerra: los argumentos», *El País* (12 de febrero de 2003).

GORBACHEV, Michael: «Una "perestroika" también para Estados Unidos», *La Vanguardia* (16 de febrero de 2003).

GORDON, Joy: «Cool War. Economic sanctions as a weapon of mass destruction», *Harper's Magazine*, Harper's Magazine Foundation (noviembre de 2002). www.harpers.org/online/cool_war/cool_war.php3?pg=1

GUNARATNA, Rohan: «La miopía de Bush», *La Vanguardia* (13 de febrero de 2003).

HERRERO DE MIÑÓN, Miguel: «Realismo ante la guerra», *El País* (5 de febrero de 2003).

HOYOS, Carola, Nick GEORGE y Roula KHALAF: «Weapons inspections Were "Manipuled"», *The Financial Times* (29 de julio de 2002).

KENNEDY, Edward: «Level with us, Mr. President», *The Boston Globe* (8 de febrero de 2003). www.boston.com/globe

KENNEDY, Paul: «Una tercera opción entre la guerra y el apaciguamiento», *El País* (13 de febrero de 2003).

KEPEL, Gilles: «Desgraciado San Valentín», *El País* (18 de febrero de 2003).

LAUSÍN, Francesc: «La verdadera guerra del 11 de septiembre», *El Periódico* (4 de agosto de 2002).

LAUSÍN, Francesc: «Planes para la guerra», *El Periódico* (9 de febrero de 2003).

LE CARRÉ, John: «Confesiones de un terrorista», *El País* (20 de enero de 2003). El artículo es una versión ampliada de la contribución del autor al debate organizado por OpenDemocracy bajo el título *Iraq: War or not?* (www.opendemocracy.net).

MARZO, Mariano: «Iraq, ese oscuro objeto del deseo», *La Vanguardia* (8 de septiembre de 2002).

MARZO, Mariano: «El mapa del tesoro», *El País. Domingo* (9 de marzo de 2003).

MESA, Roberto: «La guerra que viene», *El Periódico* (20 de diciembre de 2002).

MESA, Roberto: «La barbarie de la guerra preventiva», *El Periódico* (13 de febrero de 2003).

MORÁN, Gregorio: «El poder y la gloria», *La Vanguardia* (22 de febrero de 2003).

Oz, Amos: «Contra esta guerra», *El País* (20 de febrero de 2003).

Pfaff, William: «¿Guerra justa o guerra de intereses?», *El Periódico* (9 de febrero de 2003).

Renner, Michael: «El agua como fuente de vida y de muerte», *La Vanguardia* (2 de febrero de 2003).

Sachs, Jeffrey D.: «El petróleo es el motivo de Estados Unidos para la guerra», *El País* (30 de enero de 2003).

Said, Edward: «Desinformación sobre Iraq», *El País* (13 de diciembre de 2002).

Sanger, David E., y James Dao: «U.S. Is Completing Plan to Promote a Democratic Iraq», *The New York Times* (6 de enero de 2003). www.nytimes.com/2003/01/06/

Saramago, José: «El "factor Dios"», *El País* (18 de septiembre de 2001).

Segura, Antoni: «Arabia Saudí en la encrucijada», *La Vanguardia* (8 de septiembre de 2002).

Segura, Antoni: «Educar en la política», *Avui* (4 de febrero de 2003).

Schmitt, Eric, y Thom Shanker: «War Plan Calls for Precision Bombing Wave to Break Iraqi Army», *The New York Times* (2 de febrero de 2003). www.nytimes.com/2003/02/02/

Stevenson III, Adlai: «Different Man, Different Moment», *The New York Times* (7 de febrero de 2003). www.nytimes.com/2003/02/07/

Vilanova, Pere: «Un juego a muchas bandas», *El Periódico* (19 de febrero de 2003).

Townsend, Rosa: «Un presidente en horas bajas. La azarosa vida empresarial de Georges W.», *El País* (14 de julio de 2002).

Informaciones, noticias y entrevistas en periódicos, revistas u otros medios de comunicación

EFE (Londres): «Acusan al Gobierno británico de plagiar a un estudiante un informe sobre el armamento de Iraq», *La Vanguardia* (8 de febrero de 2003).

BBC News: «Leaked report rejects Iraqi al-Qaeda link» (5 de febrero de 2003, 10:05 GMT). news.bbc.co.uk/2/hi/uk_news/2727471.stm.

Denny, David Anthony: «Ex-Inspector Rolf Ekeus Praises New U.N. Iraq Resolution. Former U.N. inspections chief speaks at Washington Institute Nov. 12» (12 de noviembre de 2002), Departamento de Estado de Estados Unidos. Programas de Información Internacional: usinfo.state.gov/topical/pol/arms/02111300.htm

«U.S. claim dismissed by Blix», *The Guardian* (edición electrónica) (5 de febrero de 2003). www.guardian.co.uk

Val, Eusebio: «La CIA y el FBI discrepan de Bush. Surgen dudas ante una vinculación exagerada entre Iraq y Al Qaeda», *La Vanguardia* (3 de febrero de 2003).

WARNER, Margaret (entrevistadora): «Newsmaker: Rolf Ekeus», *Online NewsHour* (11 de noviembre de 2002).www.pbs.org/newshour/bb/middle_east/july-dec02/ekeus_11-11.html

WHITE, Michael, y Brian WHITAKER: «UK war dossier a sham, say experts. British 'intelligence' lifted from academic articles», *The Guardian* (7 de febrero de 2003).

WHITE, Michael, Ewen MACASKILL y Richard NORTON-TAYLOR: «Downing St admits blunder on Iraq dossier. Plagiarism row casts shadow No 10's case against Saddam», *The Guardian* (8 de febrero de 2003).

Bush Exploration, 189
Butler, Richard, 115, 116, 154, 157, 158

califato omeya, 17
califato abasí, 18
California, 185
Camp David, Acuerdos de, 29, 60, 196
Canadá, 35, 90, 190, 193
Can Oxy, 193
Card, Andrew H., 175
Carnicero de los kurdos (*véase* Ali Hassan al Majid)
Carta de Acción Nacional Conjunta, 31
Carta de las Naciones Unidas, 110
Carter, Jimmy, 36, 196, 220
Casa Blanca, 63, 77, 115, 175, 179
Cascavel, 36
Caspio, mar, 194
CCA (*véase* Consejo de Cooperación Árabe)
CCC (*véase* Commodities Credit Corporation)
CCG (*véase* Consejo de Cooperación del Golfo)
Chalabi, Ahmed, 167, 168
Checoslovaquia, 90
Cheney, Dick, 130, 175, 179, 180, 189
Chevènement, Jean-Pierre, 108
Chevron, 189
Chicago, 179
China, 89, 105, 105, 115, 184, 191, 193, 217, 226
Chipre, 151
CIA, 32, 36, 114, 119, 120, 124, 157, 169, 175, 184
Cisjordania, 85, 89, 96, 197, 201, 225

Clinton, Bill, 114, 117, 142, 171, 196
CMR (*véase* Consejo de Mando de la Revolución)
CNI (*véase* Congreso Nacional Iraquí)
CNPC, 193
Cochinos, bahía de, 217
Comisión de Observación, Verificación e Inspección de las Naciones Unidas, 106, 155, 156, 158, 159, 185, 220
Comisión Especial de las Naciones Unidas, 101, 106, 113, 114, 115, 116, 117, 119, 138, 145, 146, 148, 149, 150, 153, 154, 155, 157, 158, 159, 182, 220
Comité Progresista del Congreso, 216
Commodities Credit Corporation, 78
Compagnie Française des Pétroles, 22
Comunidad Cristiana Iraquí, 163
Comunidad Económica Europea, 61
Congreso Nacional Iraquí, 114, 123, 161, 167, 168, 170, 171, 173
Consejo de Cooperación Árabe, 78
Consejo de Cooperación del Golfo, 78, 84, 96
Consejo de Mando de la Revolución, 25, 26, 28, 32, 33, 39, 74, 75, 202
Consejo de Seguridad, 16, 58, 83, 89, 101, 105, 106, 113, 114, 115, 116, 45, 146, 155, 156, 181, 184
Consejo Nacional de Iglesias de Estados Unidos, 218